plan des sites

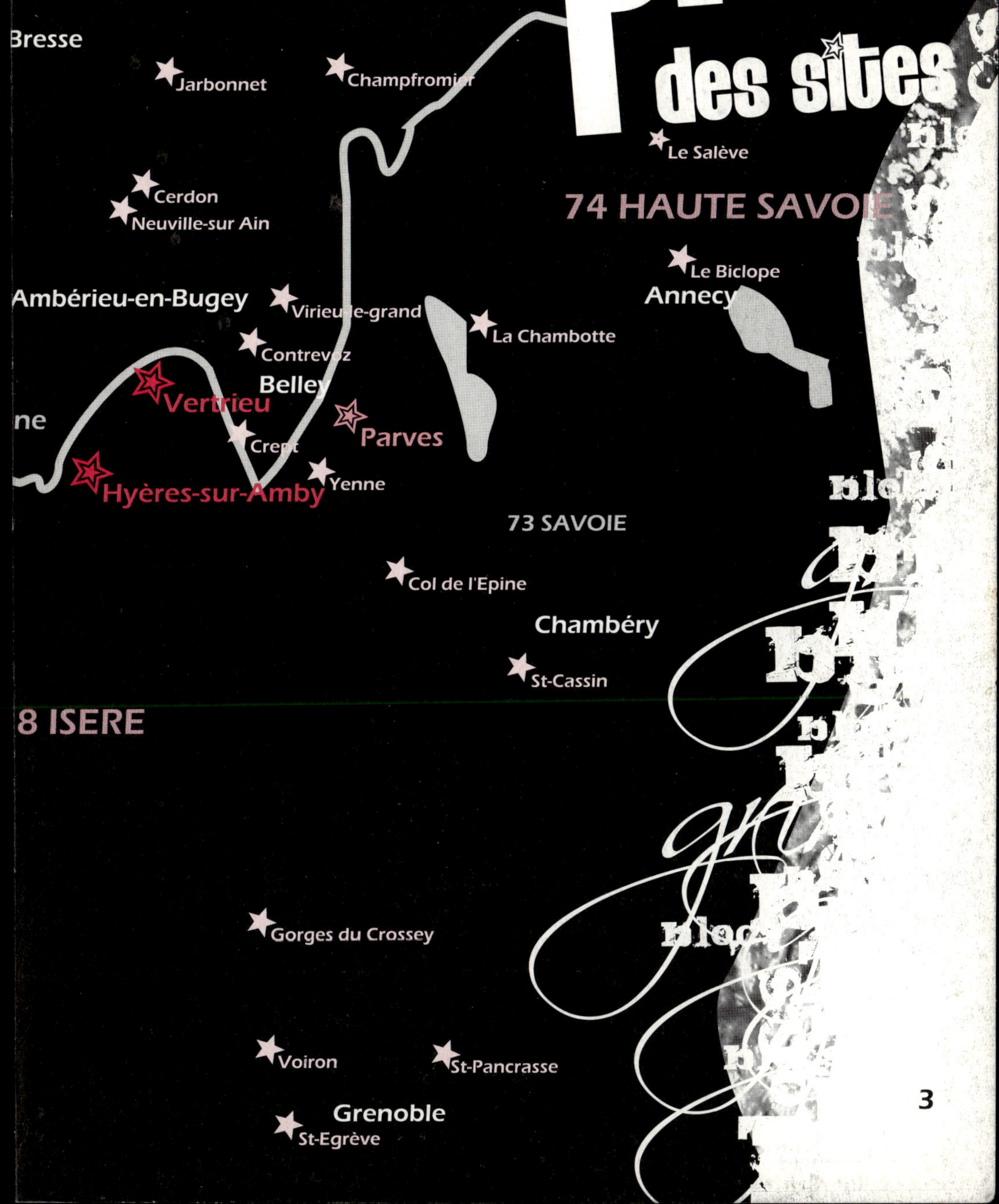

Préface

Même avec un super topo, nous n'avons pas l'intention de vous faire croire que les environs de Lyon sont devenus la destination préférée des grimpeurs de toute l'Europe, le nec plus ultra de la grimpe. Le département du Rhône n'est pas un pays de falaises et la FFME toute dynamique qu'elle soit, ne déplace les montagnes qu'au figuré...

Il n'empêche, l'agglomération lyonnaise est un pays de grimpeurs qui usent leurs doigts sur la résine de murs artificiels pas assez nombreux mais qui cherchent aussi à s'évader en pleine nature à la rencontre du véritable grain de rocher et d'un bout de wilderness.
Et ce besoin de grimper, d'air pur, peut être satisfait à proximité.
Parcourir à l'automne, dans le froissement des feuilles mortes, le sentier qui conduit à Py- Froid (Yzeron), tenter quelques passages de bloc sur ce granit de qualité et contempler à la tombée de la nuit, le panorama sur la vallée du Rhône suffit à notre bonheur.
Se retrouver un soir de juin après le boulot au pied des voies de Curis et terminer la soirée par un barbecue entre amis. Organiser une sortie familiale dans des sites comme Riverie, Limas ou St Symphorien sur Coise et initier des enfants ou des adultes inexpérimentés aux joies de l'escalade. Ou bien réviser votre technique dans les voies difficiles de Jardin et découvrir une falaise d'été légèrement déversante à Parves dans l'Ain ...Autour de Lyon reste un concept évolutif et dans cette édition nous présentons quelques sites un peu plus lointains pour donner l'envie de découvrir les falaises de la région Rhône-Alpes.
Ce topo sera à coup sûr dans toutes les bibliothèques des apprentis grimpeurs et accompagnera leur progression. Il faudra dire et redire que le respect des consignes de sécurité, de l'environnement, des autres usagers de la nature sont autant d'enjeux fondamentaux pour l'avenir de notre sport.

Un topo ce n'est pas seulement un livre, mais aussi et surtout un travail quotidien qui a permis de réouvrir la falaise de Riverie, de mettre à la

sommaire

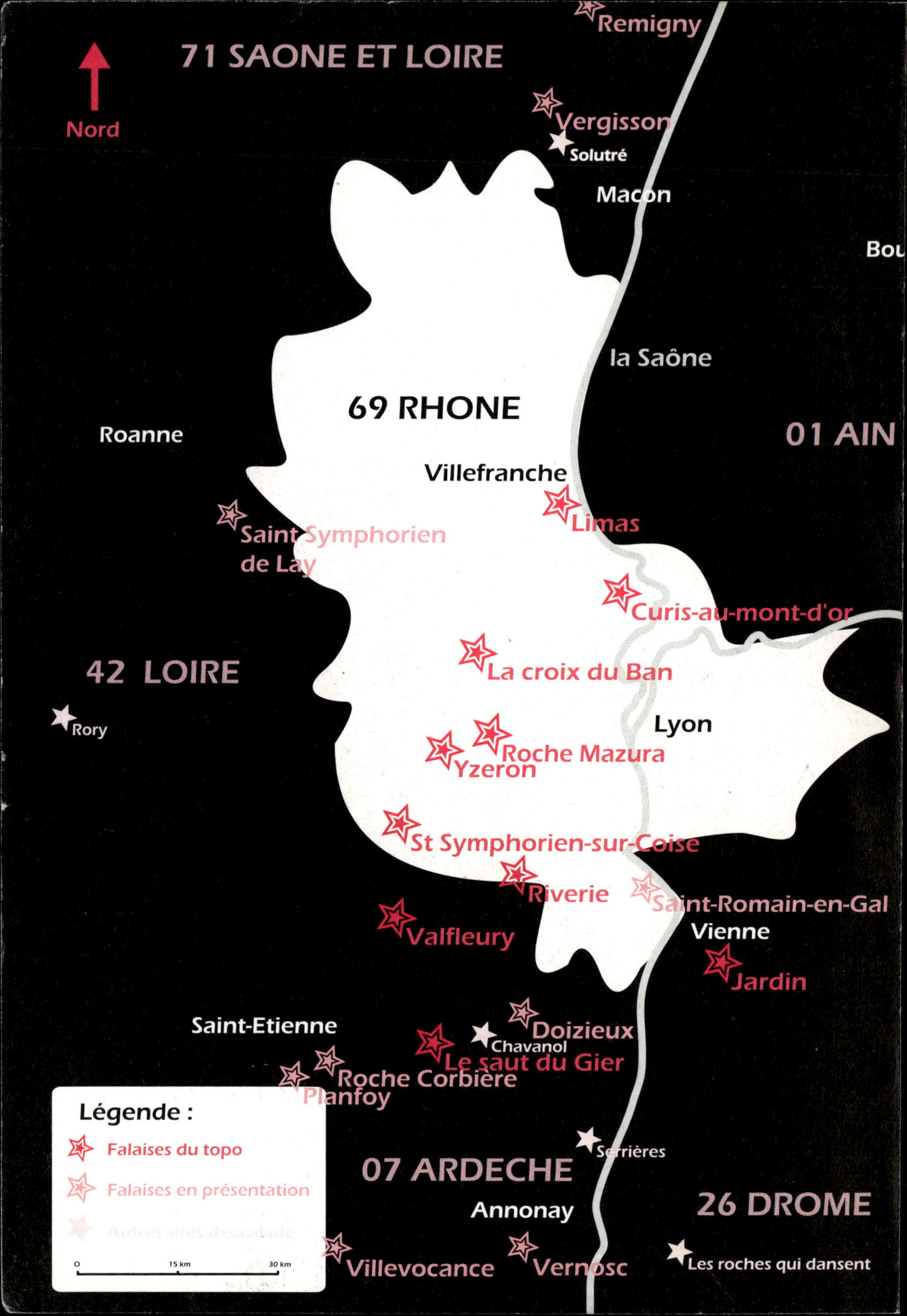
Nord
71 SAONE ET LOIRE
Remigny
Vergisson
Solutré
Macon
Bou
la Saône
69 RHONE
Roanne
01 AIN
Villefranche
Limas
Saint Symphorien
de Lay
Curis-au-mont-d'or
42 LOIRE
La croix du Ban
Rory
Lyon
Roche Mazura
Yzeron
St Symphorien-sur-Coise
Riverie
Saint-Romain-en-Gal
Valfleury
Vienne
Jardin
Saint-Etienne
Doizieux
Chavanol
Le saut du Gier
Roche Corbière
Planfoy
Légende :
Falaises du topo
Falaises en présentation
Autres sites d'escalade
0
15 km
30 km
Serrières
07 ARDECHE
Annonay
26 DROME
Villevocance
Vernosc
Les roches qui dansent

lumière un très grand nombre de blocs et de passages à Yzeron et par la même occasion d'organiser 6 fêtes de l'escalade et de la montagne. Il faut aussi veiller à la qualité de l'équipement, à la solidité du rocher, aux problèmes de voisinage et ce en lien avec les communes ou les communautés de communes comme dans le pays Mornantais.

Au passage c'est peut être l'occasion de souligner l'utilité de l'action de la FFME et répondre à la question : A quoi ça sert une licence ???
Et puis nous prendrons rendez-vous pour une nouvelle édition, avec de nouvelles falaises équipées...

Claude CHEMELLE
Président du comité du Rhône ffme.

Tomtom, lors du rééquipement de Riverie.

infos

Présentation

Lyon, au Sud-Est de la France, est avec Paris et Marseille une des trois plus importantes villes de France.

Capitale de la région Rhône-Alpes, Lyon est aussi une capitale touristique : monuments gallo-romains, musées, cathédrales, traboules... Des visites de la ville en bateau et bus sont organisées pour découvrir les ponts, les quais et les lieux les plus connus, il n'y a pas que l'escalade dans la vie.

La capitale des Gaules, de la gastronomie, de l'imprimerie, de la soie et des murs peints vit depuis une trentaine d'années une renaissance. Les façades du vieux Lyon et de la Croix-Rousse ont été rénovées, de vastes places ont été réhabilitées et l'UNESCO a inscrit 500 hectares de la cité au patrimoine mondial de l'humanité. Tout près, au nord ouest, c'est le Beaujolais, un pays à part entière, où monts et vallons sont couverts de vignes. C'est le pays des crus, des châteaux et des pierres dorées et pourquoi pas, de l'escalade avec les falaises de Curis-au-mont-d'or, Limas et le club vertige à Gleizé, un des meilleurs clubs de France en escalade de compétition.

Météo

Le climat de la région lyonnaise est tempéré.

La température moyenne annuelle est de l'ordre de 10°C : de 2 à 6° en janvier et de 19 à 26°C en juillet

D'influence continentale, le climat bénéficie grâce au couloir rhodanien des remontées de la douceur méditerranéenne. Les étés sont chauds et orageux. Le soleil brille 2035 heures par an, alors qu'il pleut environ 700mm par m² et par an.

Pour tous les renseignements touristiques et les hébergements

Comité Départemental du Tourisme du Rhône
35, rue Saint Jean
69005 Lyon
tél : 04 72 56 70 40
web : www.rhonetourisme.com

Un bataillon de grimpeurs, en formation tortue!

escalade

grimpe en ville

La grimpe en ville

Il faut compter environ 30 minutes pour accéder du centre de Lyon aux premières falaises décrites dans ce topo, et 1 heure au moins pour des falaises plus importantes. A moins de pratiquer l'urban climbing, sur les murs en pierre des berges du quai du Rhône par exemple, ou sur un viaduc sur lequel circulent encore les trains, le seul moyen de grimper en ville reste la Structure Artificielle d'Escalade.

La région en est assez bien dotée bien qu'il manque encore de grands équipements capables d'accueillir des évènements nationaux et internationaux.

Alors, pour pratiquer en intérieur, consultez les clubs d'escalade, la liste est disponible auprès de votre comité départemental.

Les Clubs d'escalade 43 clubs sur tout le département

Dans les clubs de montagne et d'escalade, vous trouverez des bénévoles passionnés prêts à vous initier, vous former, vous faire découvrir votre propre sommet.

Il y a 43 club affiliés à la ffme sur le département, tous différents, il y en a sûrement un proche de chez vous, un qui vous correspond.

Les coordonnées des clubs sont disponibles sur le site internet de la fédération.

Fédération Française de la Montagne et de l'Escalade

Comité du Rhône :

2, rue Stéphane DECHANT
69350 LA MULATIERE
tél : 04 78 51 66 89
tél : 09 53 609 609
web départemental: www.ffme-cd69.org
web national : www.ffme.fr
mail : info.cd69@ffme.fr

Je prends ma licence à la FFME pour :

Défendre et entretenir notre terrain de jeu (falaises, canyons, montagnes...).
Soutenir l'action des bénévoles qui font vivre notre fédération, nos club, nos écoles de jeunes...
Souscrire à une couverture assurance spécifique à nos pratiques.
Participer aux compétitions et figurer aux classements officiels.
Etre sélectionné en équipe départementale, nationale.
Obtenir des billets d'entrée à tarif préférentiel (salles d'escalade, manifestations...)
Bénéficier de réductions dans les magasins spécialisés.
Etre représenté dans des instances fédérales nationales, régionales, et départementales.

Les salles d'escalade privées

Le mur de lyon

11 rue Lortet, 69007 LYON
tél : 04.72.71.83.84
web : www.lemurdelyon.com
Chez Le mur de Lyon, vous trouverez souvent des grimpeurs des clubs FFME du Rhône, c'est un très bon lieu pour rencontrer, échanger ou grimper ensemble !!!
Tarifs réduits pour les licenciés FFME sur présentation de la licence.
Il est souvent possible d'acheter des tickets à tarif réduit auprès de vos clubs FFME.

M'roc Villeurbanne

74, rue Greuze - 69100 Villeurbanne
tél : 04 78 85 73 04
web : www.salle-escalade.com
Salle de pan à Villeurbanne on aime l'ambiance chaleureuse, et la grande variété des blocs. M'roc accueille chaque année une étape de la coupe du Rhône d'escalade.

escalade
grimpe en exterieur

La grimpe en extérieur
Les Sites Naturels d'Escalade présentés dans ce guide on été choisis en fonction de leur importance, de leur qualité, de leur diversité et de leur localisation par rapport à l'agglomération de Lyon. Mais comme tout le monde n'a pas la chance de vivre dans ce département merveilleux qu'est le nôtre, les accès ont été décrits depuis la ville la plus proche de la falaise, à vous de faire votre itinéraire.

Type d'escalade & géologie
La géologie de la région lyonnaise décrit l'affrontement des épandages sédimentaires alpins face à la bordure soulevée du massif central.

A l'ouest, le masssif central est constitué de roches dures : le gneiss (La croix du ban, Riverie, Yzeron) qui provient des roches sédimentaires très anciennes ayant subi le métamorphisme hercynien, il y a 300 millons d'années. Si sur de nombreux sites de ce topo, c'est l'exploitation de carrières qui nous offre aujourd'hui la possibilité de grimper, c'est en revanche l'érosion qui a façonné les blocs d'Yzeron, Roche Mazura, La Croix du Ban.

Les calcaires des monts d'or et des côteaux du beaujolais traduisent la présence d'une mer chaude durant le Jurassique. Cette roche sédimentaire s'observe par exemple à Curis, Hières-sur-Amby, Limas où elle a la particularité d'être formée de gryphées, les huîtres du Sinémurien (200 millions d'années).

L'équipement des itinéraires
Les falaises de ce topo sont équipées avec broches et goujons, vous pourrez exceptionnellement trouver des pitons. Les points des relais sont, en général, reliés par une chaîne avec un maillon pour faire votre manip de corde. Il vous importe de contrôler l'état, l'usure, la solidité, des protections que vous déciderez ou non d'utiliser.

Si vous constatez une usure prononcée, un défaut d'équipement, merci d'informer le comité départemental du Rhône.
Nous nous efforçons de ré-équiper les sites régulièrement avec l'aide des communes et des communautés de communes, mais les financements sont difficiles à trouver...

L'ouvreur : nous aurions bien aimé le signaler pour chacune des voies mais nous ne disposons pas de cet historique, toutes vos informations sont les bienvenues !
Le nom de la voie a été donné par l'ouvreur à sa création il est parfois précisé au pied de la voie, sinon il se trouve sur le topo.
Les étoiles : une appréciation subjective de la beauté de la voie !
La cotation : une appréciation subjective de la difficulté de la voie !

Merci à tous ceux qui ont un jour donné et donnent encore un peu de leur temps pour équiper, purger, entretenir, les sites d'escalade de cet ouvrage.

www.ffme.fr
Sur le site national de la fédération, vous trouverez la carte de France des sites naturels d'escalade. Dans ce répertoire figurent des informations mises à jour régulièrement sur les sites de pratique (interdictions, nouveaux sites...)

Grimper en salle ou en falaise??

mise en garde

Le matos personnel

Utilisez du matériel d'escalade conforme aux normes européennes (C.E.N.) ou à défaut UIAA, mais surtout en bon état.

Corde 60m, 70m ou plus, vous servira peu si vous ne grimpez que dans le coin, mais si vous espérez grimper longtemps et voyager un peu, mieux vaut opter tout de suite pour une 70m ou 80m. Pour les dégaines : entre 6 et 12 suivant les sites.

Une trousse de premier secours peut toujours servir ainsi qu'un téléphone portable pour joindre les secours au 112.

Le casque

Il est conseillé sur de nombreux secteurs de cet ouvrage.
Petit rappel sur le port du casque

Pratique encadrée

En terrain d'aventure et sur les sites sportifs, et lors de la pratique Escalad'arbre, le port du casque est fortement recommandé pour les adultes, obligatoire pour les mineurs.

Pratique individuelle

Pour le canyon, l'alpinisme, l'escalade en terrain d'aventure et la cascade de glace la FFME considère que le casque est indispensable.
La FFME attire l'attention de tous les pratiquants sur le fait que le casque destiné à protéger des chutes de pierres, de matériels et de chocs éventuels lors d'une chute, est un élément individuel de sécurité et qu'il importe à chacun, après analyse des risques potentiels, de le porter ou non.

Formez-vous ! L'escalade est un sport à risque, même si l'accidentologie y est faible, le facteur principal d'accident est l'erreur humaine. Alors formez-vous ! Initiez-vous avec des personnes qualifiées, voire diplômées, passez à votre tour des diplômes pour faire découvrir votre passion et pour vous perfectionner. Inscrivez-vous dans les clubs, c'est un excellent moyen pour rencontrer des grimpeurs de votre niveau ou faites appel aux professionnels (Brevetés d'Etat d'Escalade, Guides de Haute Montagne).

Ce topo est là pour vous guider et vous proposer de nouvelles escalades, en aucun cas il ne pourra se substituer à votre expérience personnelle.
Respectez les règles techniques de sécurité.
Analysez systématiquement la qualité du rocher et de l'équipement en place.
Vérifiez votre matériel avant et après chaque sortie.
Contrôlez vos partenaires : s'est-il bien encordé, m'assure-t-il convenablement ?
Intervenez en cas de situation dangereuse auprès d'autres cordées.

Respectez le milieu et les autres usagers !

Il faut respecter la nature, oh ouh oh, la nature, les animaux, les plantes, l'air pur, oh ouh oh, la nature...
Des pêcheurs, randonneurs, chasseurs .... et d'autres grimpeurs partagent votre terrain de loisir, respectez-les !
Respectez les propriétaires, gestionnaires et équipeurs du site.
Respectez le site, la flore, la faune...
Ramenez vos déchets.
Respectez les itinéraires d'accès et de retour, ne piétinez pas les cultures.
Refermez les barrières.
Parquez raisonnablement votre véhicule.
Respectez les sentiers (ne pas couper
Participez à l'entretien en enlevant la
chemins d'accès.
En bref, ayez la climbing attitude! www.climbing-attitude.org

No photocop, l'argent que vous avez dépensé pour acheter cet ouvrage, servira, une fois déduit les coûts de fabrication, à équiper, ré-équiper, entretenir, ré-ouvrir, conventionner les sites d'escalade.
Une autre façon de soutenir notre action est de vous licencier dans un des 1100 clubs de la fédération.

Consignes fédérales de sécurité pour les pratiques fédérales en site naturel. (Assemblée Générale de la FFME, 14 Janvier 1993, texte étendu à toutes les activités - Comité directeur 28 juillet 2001).

Il est de la responsabilité de tout pratiquant des Activités fédérales de pleine nature en site naturel, non encadré par un professionnel ou un diplômé bénévole, d'estimer lui-même les risques qu'il prend en s'engageant dans un itinéraire. Ce texte a pour objectif d'en préciser les conditions d'exercice.

1. Le grimpeur, l'alpiniste, le randonneur à pied, à raquette ou à ski, le skieur hors piste, le canyoniste ou tout pratiquant des activités fédérales de pleine nature, est seul responsable de sa propre sécurité.

2. Dans le cas de mineurs, cette responsabilité incombe aux parents ou à l'encadrement conformément à la législation en vigueur.

3. Tout conseil, toute aide, ne dispense pas celui qui les reçoit ou les utilise d'évaluer les risques auxquels il peut s'exposer suite à son engagement dans la voie, la course ou l'itinéraire choisi. Il est donc nécessaire que le pratiquant :
- s'assure par tous les moyens possibles (examen visuel, bibliographie, renseignements communiqués par des tiers dont il doit apprécier la fiabilité, etc.) que l'itinéraire ou la voie correspond à son propre niveau technique et sa propre expérience ;
- s'assure également par tous les moyens possibles que l'aménagement ou équipement en place est suffisant en quantité et en qualité, compte tenu de son niveau, de l'équipement personnel dont il dispose et de l'estimation qu'il fait de ses risques de chute ou d'accident ;
- choisisse et sache utiliser les moyens et matériels de protection adaptés, en fonction de son propre niveau, à l'itinéraire choisi et aux conditions géographiques et météorologiques possibles ;
- sache reconnaître un terrain ou une prise instable, un aménagement ou un ancrage vétuste ou inapproprié ;
- sache renoncer s'il estime que l'itinéraire où il s'est engagé présente des

infos

caractéristiques qu'il ne peut maîtriser compte tenu de son niveau (terrain instable, mauvais rocher, équipement jugé insuffisant, conditions météorologiques, crevasses, risque d'avalanche ou de crues, etc.).

4. La FFME considère que sont indispensables à toute pratique autonome en sécurité et doivent faire partie de la formation de base des grimpeurs, des alpinistes et de tous les pratiquants de activités fédérales de pleine nature :
- l'apprentissage de la sécurité en fonction des divers milieux ;
- l'apprentissage de l'appréciation des risques ;
- l'apprentissage de la distinction entre équipements fiables et équipements vétustes, insuffisants ou abandonnés.

Toutes les infos sur www.ffme.fr

Recommandations fédérales sur la gestion et l'utilisation des équipements de protection individuelle (EPI).

La plupart des équipements de protection du grimpeur : casques, baudriers, mousquetons, cordes, descendeurs etc... sont des équipements de protection Individuelle (EPI) et doivent à ce titre être conformes aux normes applicables en la matière (Décret du 5 août 1994).
En conséquence seul le matériel portant le marquage CE peut-être utilisé au sein de clubs. Ceci impose la vérification précise de l'ensemble du matériel utilisé et la suppression de tout matériel non conforme.
La Fédération rappelle à tous ses dirigeants de clubs ou de comités territoriaux, à tous ses cadres, que la mise à disposition d'Equipement de Protection Individuelle en parfait état fait partie de son obligation générale de sécurité.
Il convient donc de vérifier l'état d'usure du matériel (pouvoir vérifier la traçabilité de tous ces équipements de protection individuelle), sa conformité aux normes et de prévoir son renouvellement.
Une vraie gestion du matériel doit être mise en place avec la tenue d'un Registre Matériel permettant un suivi individuel des matériels concernés.
Toutes les infos, le texte intégral sur : www.ffme.fr

Les chartes FFME

Charte de l'équipeur :

• Intégrer son action dans les priorités du plan local d'équipement

• Rencontrer tous les partenaires utilisateurs du site.

• Respecter le classement du site.

• Se soucier de l'environnement

• Ne pas équiper systématiquement et de manière équidistante toutes les lignes possibles sans se soucier de leur intérêt et de leur logique.

• Ouvrir des itinéraires logiques

• Ne pas modifier le rocher sauf purge.

• Respecter l'ambiance des anciennes voies : ne pas couper, ou ouvrir une voie moderne trop près d'un itinéraire classique intéressant.

• Le rééquipement des anciennes voies régulièrement parcourues doit, soit se faire à l'identique (remplacement des ancrages vétustes), soit en respectant au maximum l'engagement antérieur (même nombre total d'ancrages dans chaque longueur). Cette exigence doit être modérée dans le cas de voies de niveau moyen peu nombreuses dans un massif où il est impossible d'en ouvrir d'autres du même niveau.

• Laisser délibérément en l'état les grands terrains d'aventure.

• Respecter la classification du site : site sportif, terrain d'aventure, blocs.

• Rééquipement d'un site sportif : enlever systématiquement tous les anciens points de protection.

Toutes les infos, le texte intégral sur : www.ffme.fr

Podium, travaux, assemblée générale, et discours, voilà un emploi du temps de président!!!

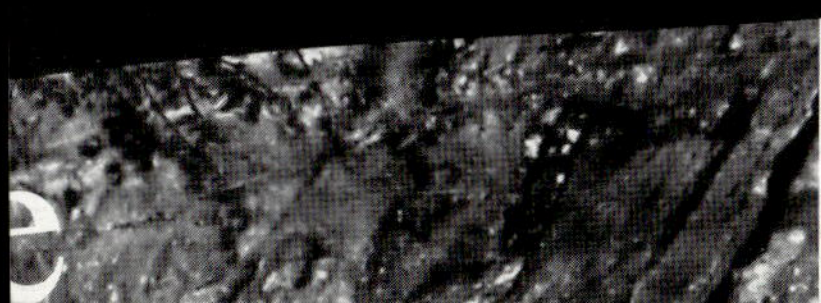

Les chartes FFME

Charte fédérale de l'environnement :

La Fédération Française de la Montagne et de l'Escalade est une fédération sportive pratiquant des activités de pleine nature. Par conséquent, elle ne peut rester indifférente au milieu dans lequel se déroulent ses activités. Aujourd'hui les problèmes environnementaux ont pris une dimension nouvelle, faisant de la nature un thème sur lequel s'affrontent usagers et non-usagers au nom des valeurs et des intérêts les plus divers.
Dans ces débats, la FFME se doit de jouer un rôle qui soit conforme à ses objectifs, tels qu'ils sont précisés dans l'article premier de ses statuts :

• « ... promouvoir, développer, coordonner, organiser la pratique (...) dans leurs aspects sport de masse et sport de haut niveau ;
• « ... veiller à la sauvegarde de l'intégrité et de la beauté de la nature en montagne ainsi qu'à la protection du milieu montagnard et des terrains d'escalade et de randonnée, en liaison avec les populations concernées ;
• « ... intervenir sur les projets d'équipement se situant sur les lieux de pratique dans le souci de rechercher la meilleure harmonisation des intérêts en cause. »

Pour ce faire, la FFME définit son rôle dans le domaine de la protection de l'environnement à partir de trois grands principes :

1. Défendre nos pratiques et les intérêts des pratiquants
2. Concevoir la défense de l'environnement comme une nécessité au service de nos activités
3. Engager la concertation avec toutes les parties concernées

Toutes les infos, le texte intégral sur : www.ffme.fr

L'equipe départementale 2002, musclor, des fleurs et un zeste d'escalad'arbre...

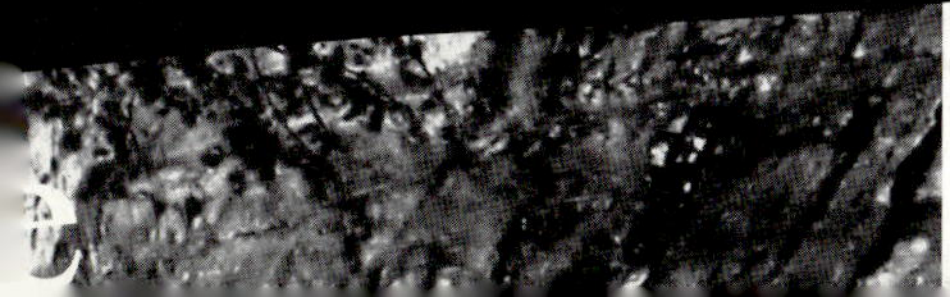

Riverie (69)

présentation + accès

24 voies ✩ de 3 à 6c ✩ Orientation : S ✩ de 10 à 20m
GPS N 45,59643056 E 4,588236111

Présentation

Après avoir été fermée par un arrêté municipal interdisant la pratique de l'escalade suite à un éboulement, la falaise de Riverie est à nouveau accessible.
Grâce à la Communauté de Communes du Pays Mornantais (Copamo) qui a acquis et aménagé les lieux, le comité du Rhône FFME a obtenu la ré-ouverture de ce site (encore une bonne raison de prendre sa licence dans un club ffme), sympa pour débuter en escalade, pratique pour les groupes.
C'est certain vous ne ferez pas ici votre premier 8a, mais vous apprécierez le caractère découverte que la COPAMO entend donner au lieu, les voies ont été re-baptisées de patronymes locaux dont vous découvrirez la signification à chacune de vos ascensions.

Accès

A 35km au sud-ouest de Lyon, 500m au sud de Riverie. Du village de Riverie, descendre par la D2 direction St-Didier-Sous-Riverie, 500m après la sortie du village, prendre un chemin carrossable sur la gauche, se garer, la falaise est dans la 2ème carrière, pas de marche d'approche !
A noter : un chemin relie le centre du village à la falaise.

Type d'escalade & géologie

Gneiss à amphibolites, gris clair et assez lisse présente le désavantage de se détacher facilement, malgré tous les travaux de purge, de nouveaux blocs se détacheront de la falaise. Les secteurs les plus délités de cette ancienne carrière ont été déséquipés, nous vous recommandons de ne pas stationner inutilement dessous. Le port du casque est très fortement

recommandé sur ce site, usez de tout votre bon sens pour éviter qu'une pierre ne vienne blesser quelqu'un.

Equipement & matos
Les voies faisant jusqu'à 20m, une corde de 40m suffira, une dizaine de dégaines également. Les voies ont été rééquipées en 2004, avec relais reliés, idéal pour l'initiation. Des points ont été placés en traversée tout à gauche, pour organiser une petite via-cordata qui plaira sans doute aux jeunes.

Météo
Site exposé au sud, agréable au printemps et à l'automne, mais une vraie fournaise sous le soleil d'été.

Pratique
Tous commerces à Riverie ou Saint-Didier-sous-Riverie, idéal pour les groupes et l'initiation.
Pour les groupes nous vous proposons d'inscrire sur le forum du site Internet du comité départemental le jour où vous souhaitez sortir et le nombre de personnes. Nous ne prétendons pas par ce principe interdire ou réserver l'accès à quiconque, mais permettre aux organisateurs de sorties de s'arranger. Les mercredi de fin d'année scolaire sont souvent surpeuplés...

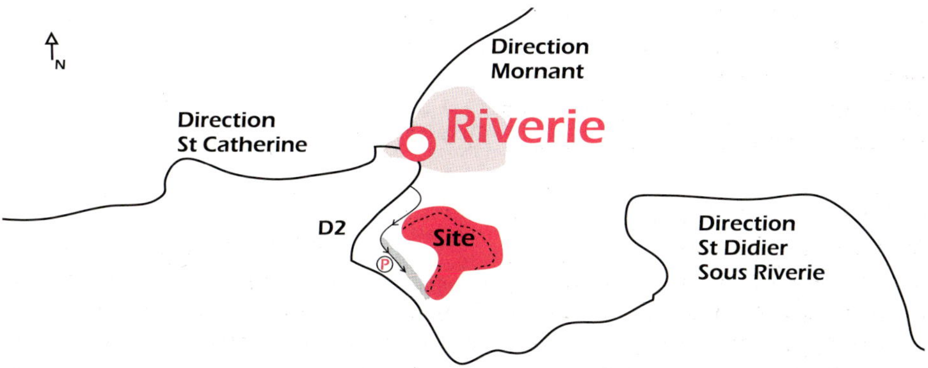

riverie (69)

secteur racanières et allanqués

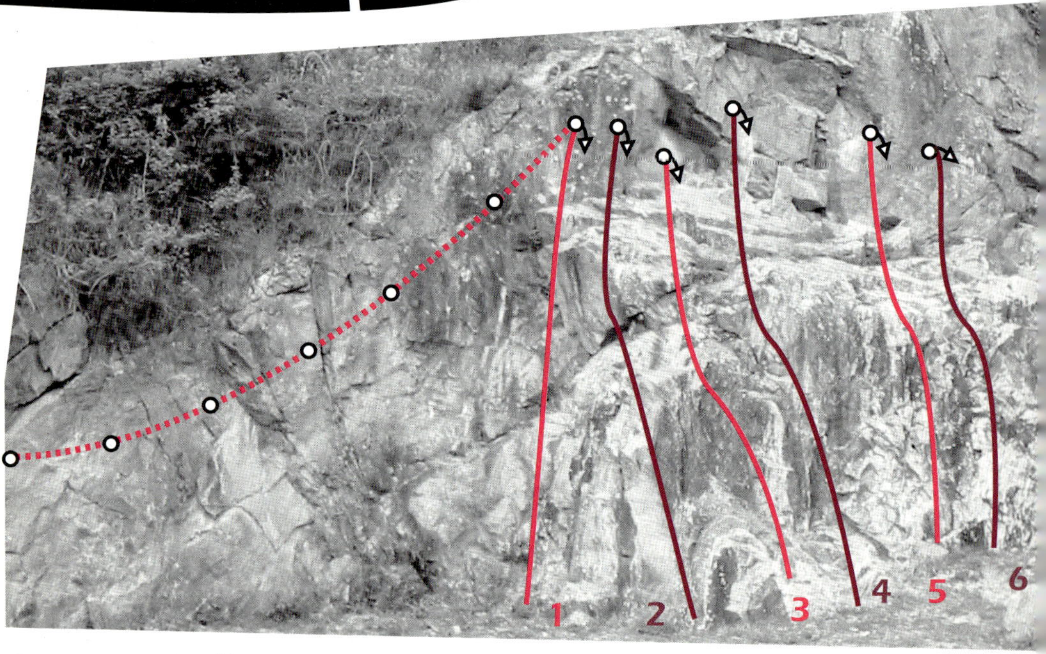

Secteur racanières

1 **Les bistinclins** 4c pas de points
2 **Les babaux** 4c pas de points
3 **Les chats** 3+ pas de points**
4 **Les racanières** 4a pas de points**
5 **La gerle** 3+ pas de points
6 **Les torche-bugnes** 3+ pas de points

On accède aux voies 1 à 6 en contournant ce secteur d'initiation par la droite pour équiper les moulinettes par la plateforme sans difficulté.
Les plaquettes à gauche servent à organiser une petite via corda...

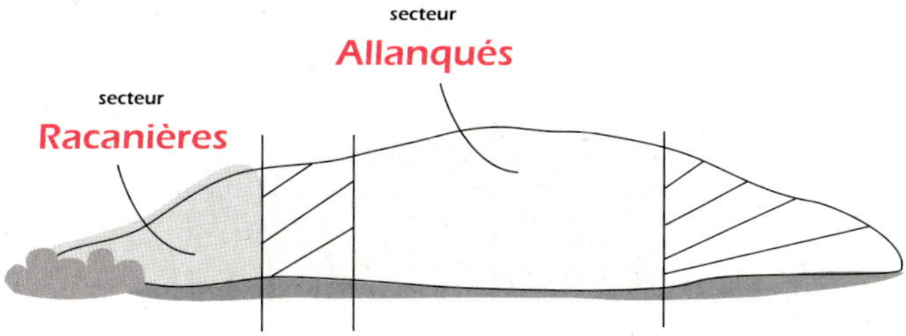

Secteur allanqués

7 Le chorobate **6b** 5 goujons
8 La caborne **6a** 5 goujons
9 Les aliènés **6a+** 4 broches***
10 Les fifres **5c** 4 broches
11 Les badrais **6c** 4 broches
12 Le grand quinçon **5b+** 4 broches**
13 Le peu **5a** 4 broches
14 Les allanqués **5a** 4 broches
15 Les renards **5b** 5 goujons**
16 Les ours **5b** 4 broches***
17 Les têtes plates **4+** 4 broches
18 Les tchibes **4** 4 goujons
19 Les esses **6a+** 5 broches***
20 Le signal **6b+** 6 goujons***
21 Les feiges **6b** 7 broches***
22 Les rampognauds **5b** 4 broches
23 Les chassagnerots **6a** 4 goujons
24 Le chameau **5a** 4 goujons

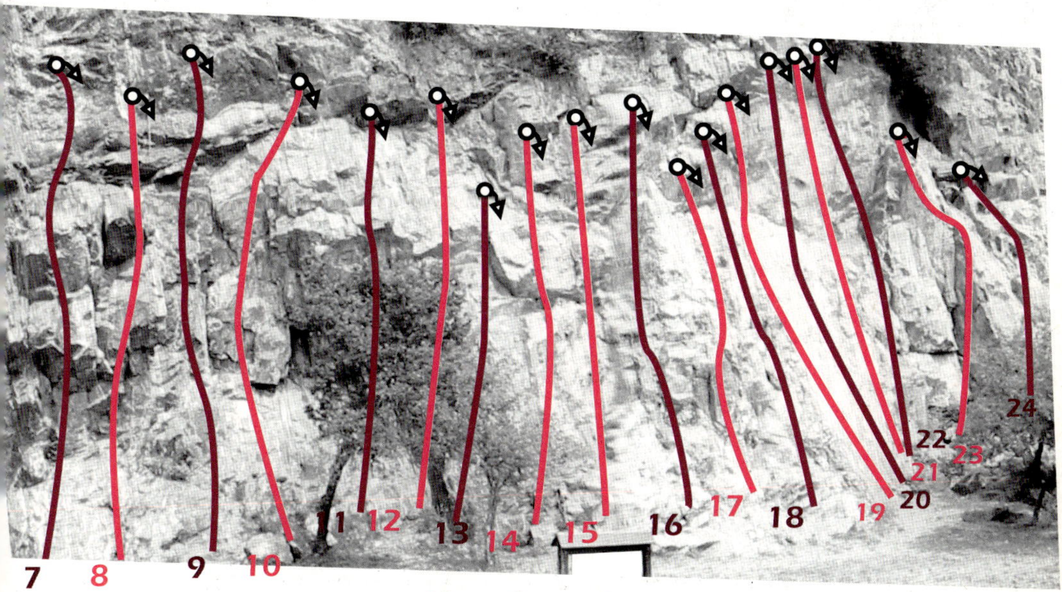

st symphorien (69) sur coise

présentation + accès

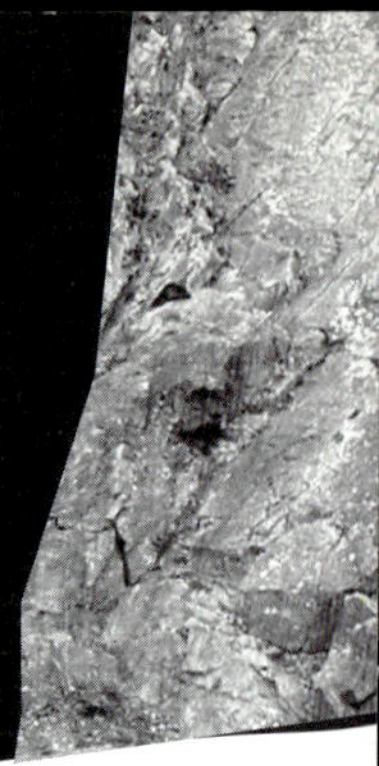

+ de 30 voies de 4 à 6a Orientation : S/O & N de 15 à 30m
GPS N 45,62806389 E 4,448413889

Présentation

Ancienne carrière de granit, ce site est agréable, grâce au ruisseau qui coule un petit peu plus bas. Constitué de deux carrières, il est tout à fait accessible aux groupes, le grand espace au pied des voies est également très appréciable. Une grande majorité de voies en 5, plusieurs 4, et quelques rares 6...

Accès

A 32 km au sud-ouest de Lyon. L'accès au site est strictement interdit aux voitures, il est donc conseillé de se garer dans le village. Depuis le centre ville se diriger vers la sortie du village, direction St Etienne et la Talaudière. Sur la route de St Etienne prendre à gauche au niveau du Bar « le Derby » puis tout de suite à droite sur une route qui descend (bien raide !). S'engager sur le chemin fléché sur la gauche jusqu'au site à 5 min à pied.

Type d'escalade & géologie

Le « Calvaire » est une ancienne carrière de granit, le rocher est peu agressif, mais fragile par endroit, certaines zones sont à éviter (entre « Le chemin vieux » et « Bartavelle »). Jusqu'à 30 mètres pour les voies les plus longues, ce qui changera agréablement les débutants des structures artificielles !
Quelques noms sont indiqués au pied des voies, pratique pour se repérer...

Equipement & matos :

L'équipement sur broches est relativement récent, le site est bien entretenu, et tous les relais sont composés de deux points reliés par une chaîne. En

revanche, certaines voies sont plutôt longues, une corde de 60 mètres peut donc s'avérer nécessaire, et le port du casque est plus que fortement conseillé du fait de la fragilité du rocher, de nouveaux blocs se détachent régulièrement.

Météo

Le site est exposé à la fois Sud Ouest et Nord. Bien ensoleillé dans l'ensemble, il est facile d'aller s'abriter du soleil sous les arbres près du ruisseau, respectez le site qui appartient à des propriétaires privés.

Pratique

Le village de Saint-Symphorien-sur-Coise propose tout une gamme de services, il est possible de manger sur place dans un des nombreux restaurants. Le site est également pourvu d'un petit coin pique nique, remportez vos déchets!
Les groupes doivent se faire connaître à la mairie : 04 78 44 37 57

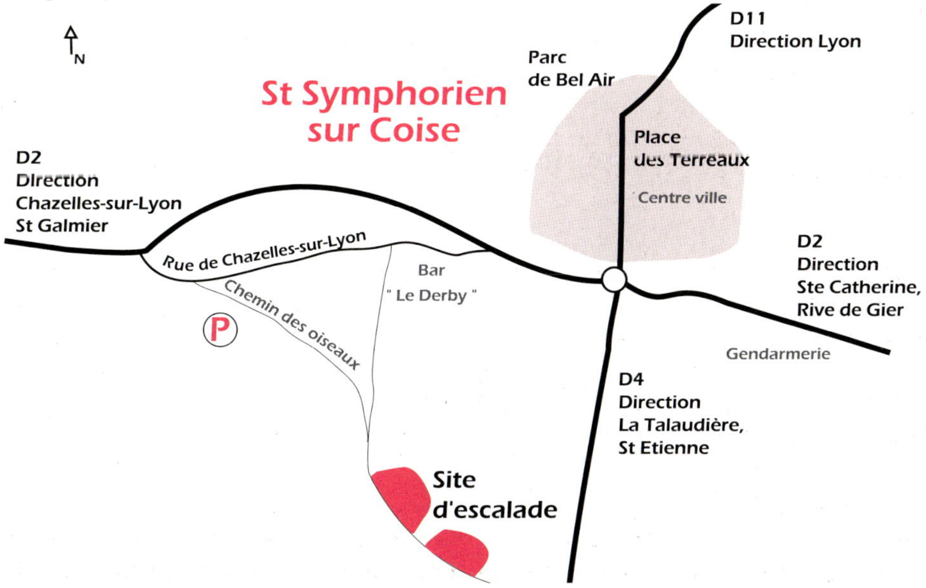

st symphorien (69) sur coise
secteur « pilier noir »

1 2 3 4 5 6 7 8 9 10 11 12 13 14 15

Secteur pilier noir

1 **Granitor le retour** **5a** 5 points
2 **Les bénévoles** **5b+** 6 points
3 **AAA** **5c** 6 points
4 **Arregardez voir** **5a** 7 points
5 **BBB** **5b** 7 points
6 **Le Granit** **5b** 4 points (la voie part derrière la grande écaille)
7 **CCC** **5a** 4 points
8 **DDD** **4c** 3 points
9 **EEE** **5b** 5 points (relais sur le coté, peu visible du bas)
10 **FFF** **4a** 5 points (dans la fissure)
11 **Le Grand caquenano** **5b** 5 points
12 **Le dahu** **4b** 3 points

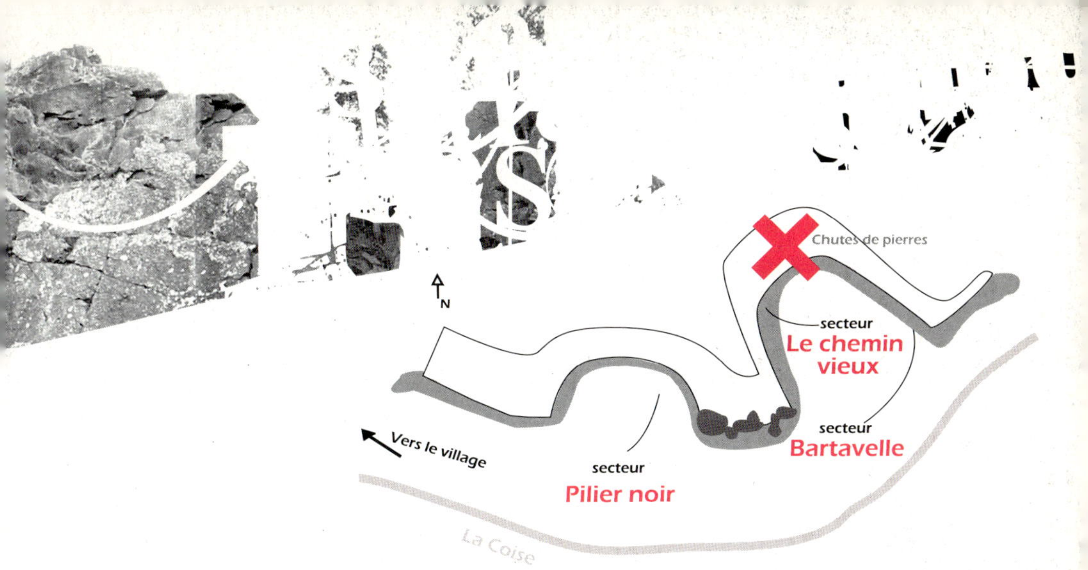

13 Le grand grimpillion **4c** 3 points
14 Le pilier Noir **4b** 5 points
15 La Favette **5a** 4 points

Le ski de montage, une autre activité proposée par les clubs ffme.

st symphorien (69) sur coise

secteur le chemin vieux et bartavelle

Secteur le chemin vieux

16 Matefaim et craquelin **3+** 6 points
17 L'Iragne **4b** 6 points
18 La Roche aux enfants **4c** 5 points**
19 Marsupilami **5a** 6 points
20 Aventure **5b** 5 points**
21 Les p'tits gaulois **5b** 6 points***
22 La légende du Calvaire **5b** 8 points***
23 Un surplomb sur l'estomac **6a** 6 points***
24 Le doigt libérateur : **5b** 6 points***
25 coincée la mèche **5b+****
26 La rencontre **5a** 8 points 27 variante de 26 **5b**

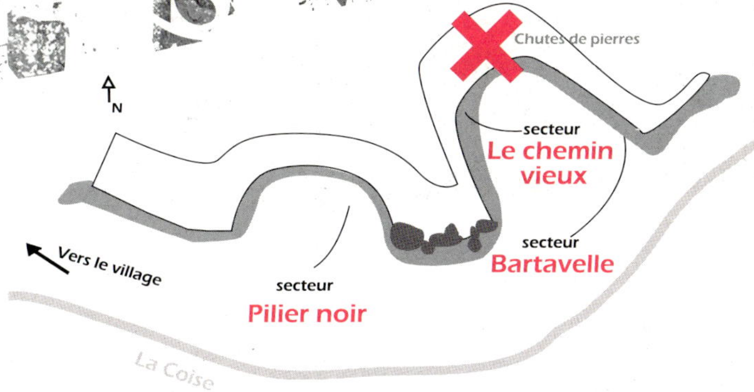

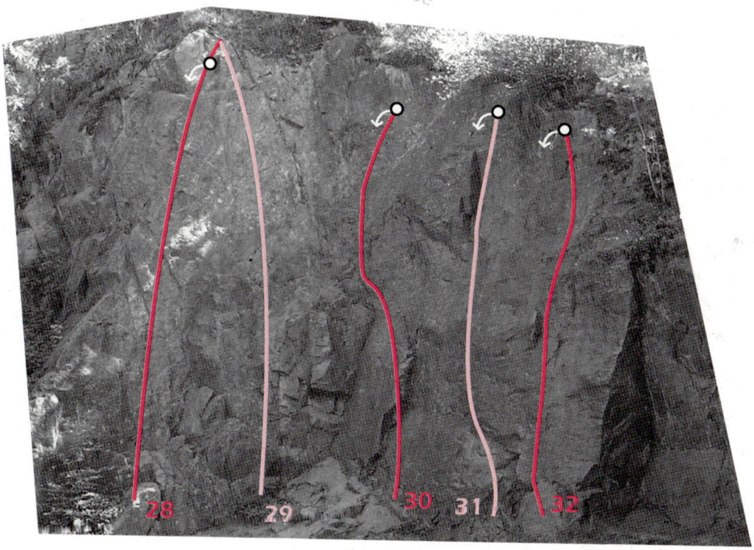

! Attention à la zone comprise entre 27 et 28 risque de chute de blocs !
(Les anciennes voies ont été déséquipées)

Secteur bartavelle

28 **Betec nic nic** 5b 6 points
29 **Taupe Gone** 5b 5 points
30 **Une première pour émotion** 6a 5 points**
31 **Patinoire** 5c 3 points
32 **La Bartavelle** 6a 4 points**

yzeron (69)

présentation + accès

+ de 200 Blocs de 3 à 7c toutes Orientations de 1 à 7m
GPS N 45,70105278 E 4,607427778

Présentation

Le site d'escalade historique d'Yzeron où l'ancienne génération de grimpeurs lyonnais venait s'exercer à l'escalade avant de partir en montagne s'est récemment transformé en site redoutable pour les adeptes du bloc.

Sous l'impulsion du CD 69 ffme, de nombreux blocs ont été défrichés, brossés, les réceptions on été améliorées et de nouveaux passages ouverts à l'occasion de la fête de la montagne et de l'escalade.

Les rochers de Py froid, sont attractifs pour la découverte de l'escalade encordée (une vingtaine de voies, surtout en moulinette) mais devient comme vous allez peut-être le découvrir une zone très intéressante pour le bloc.

Accès

Le village d'Yzeron est situé à environ 25 km de Lyon et 50 km de St Etienne dans les monts du lyonnais.

Depuis le centre du village suivre les panneaux jaunes de randonnée indiquant « rochers de Py froid » (direction Thurins). Après la route qui part en contrebas direction Chateauvieux, prendre à gauche sur un chemin carrossable (toujours un panneau jaune), se garer près du réservoir et de l'antenne téléphone, ou dans le village si ce parking est plein. Suivre un des deux sentiers faisant le tour de la colline pour accéder à l'esplanade en 20 minutes à pied. De là tous les secteurs sont à portée de main, la petite falaise est en contrebas, le secteur historique est au-dessus dans la colline face à vous !

A noter

le site est en partie la propriété du conseil général du Rhône et une convention d'utilisation avec la ffme permet votre accès sur ce site, certaines autres parcelles appartiennent en revanche à des propriétaires privés, merci de rester discrets et de respecter les lieux.

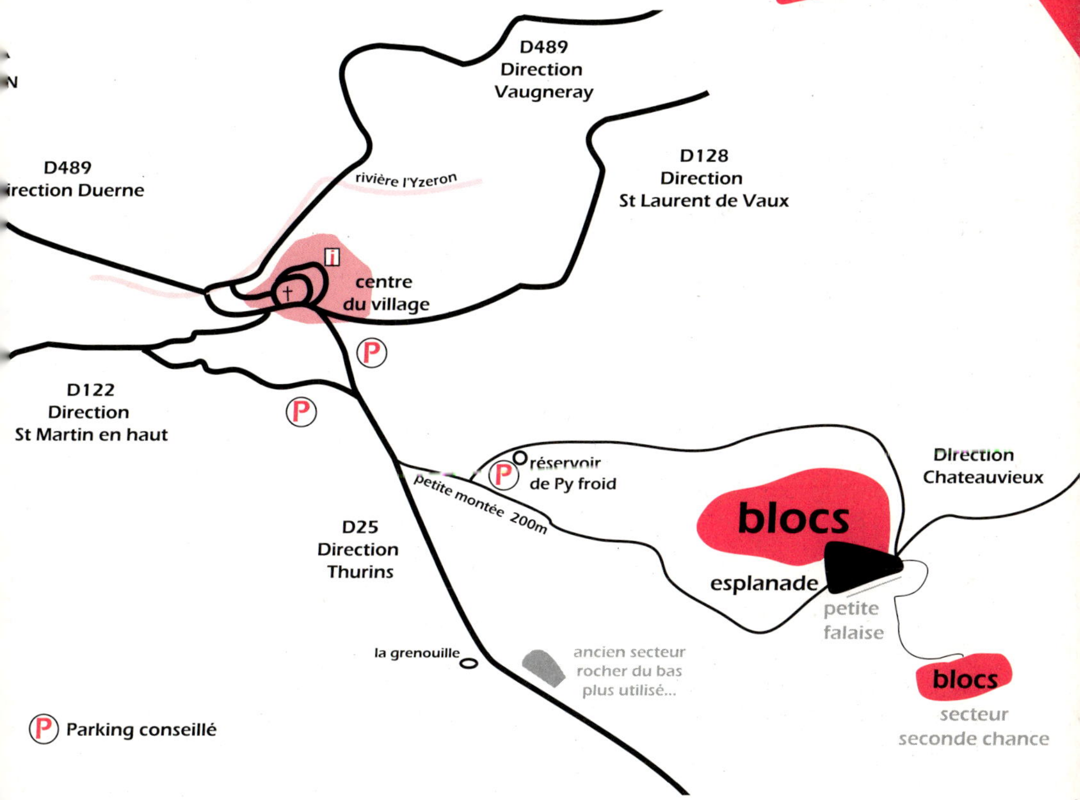

yzeron (69)

plan des secteurs

Type d'escalade & géologie

L'escalade se fait ici sur du gneiss oeillé, très foncé et à cristaux proéminents, très pratique pour tenir les plats, mais très usant pour la peau des doigts !!! La sélection de blocs qui suit propose tous types de profils, dalles bien sur, mais aussi toits avec rétas, dièdres, quelques dévers et beaucoup de réglettes et de picots...

Equipement & matos

Le site d'Yzeron est très peu équipé en matériel fixe et c'est très bien comme ça. Vous trouverez quand même des broches ou des relais au sommet des blocs les plus hauts et de la petite falaise accessibles par le haut (il faudra souvent les coupler).

Le crash-pad n'est pas obligatoire sur tous les blocs grâce aux réceptions aménagées mais nous vous le conseillons pour le confort, ainsi que un ou plusieurs pareurs efficaces lors de vos tentatives sur des blocs engagés.

Météo

On peut grimper toute l'année à Yzeron, la forêt qui recouvre les lieux protège du soleil comme de la pluie, tout à fait grimpable l'été grâce à l'altitude (800m). Il est même possible de grimper en hiver pour les plus motivés en profitant ainsi de la collante ! Attention quand le rocher est humide les prises sont plus fragiles.

Le choix des blocs et des passages que nous vous proposons est bien sûr discutable ! Nous avons décidé de répertorier les blocs les plus importants mais dans un souci de « grimpe pour tous » des blocs de tous niveaux. Néanmoins si vous découvrez au détour d'un chemin (à cause de ces maudites cartes de ce satané topo) un bloc majeur ou un nouveau secteur que nous n'ayons pas encore trouvé, vous pouvez nous en faire part pour la prochaine édition !!

Concernant les passages, ce sont souvent les problèmes les plus évidents que nous vous proposons de résoudre, il y a encore bien sûr de nombreuses variantes, éliminantes, traversées, départ assis, départ en courant, no hands, jetés... à inventer.

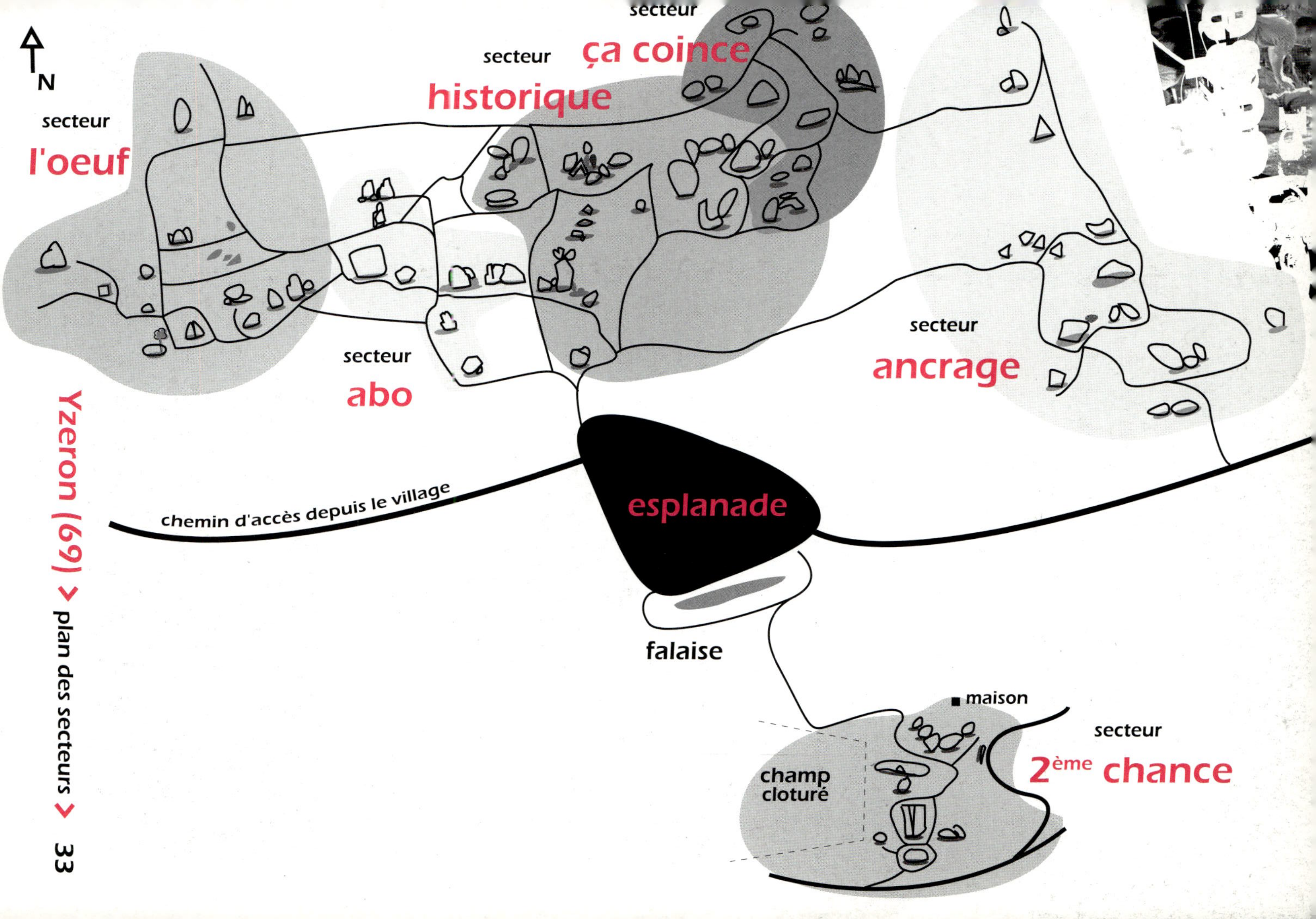
N
secteur
l'oeuf
secteur
historique
secteur
ça coince
secteur
abo
secteur
ancrage
esplanade
chemin d'accès depuis le village
falaise
maison
champ
cloturé
secteur
2ème chance

yzeron (69)

secteur l'oeuf

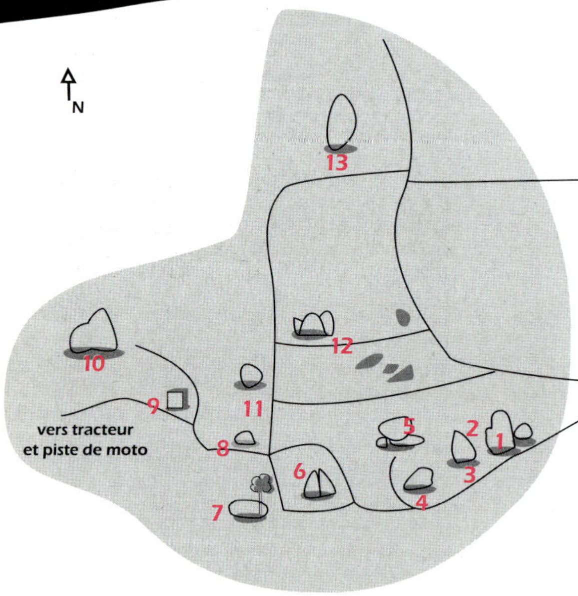

1-R.A.S :

3+ engagé !!!, peu d'intérêt

3

2-Bijoux

6b Départ assis , gros bacs de gauche interdits (zone hachuré en blanc). C'est un bijou!***

3-Graph in Line

5 Aucun interdit*

4-Avant-après

■ **5** Sans les bonnes prises de mains**
■ **5+** avec l'écaille de droite en inverse **6a** sans l'écaille.**
Joli bloc de pose de pieds

5-Tasman

Note pour plus tard : prévoir de la dynamite!
■ **6c** départ assis**
■ **6a** départ debout, gauche interdit***

6-Fissure facile

aucun interdit, départ assis
■ **3+**
■ **3+**
■ **4+**

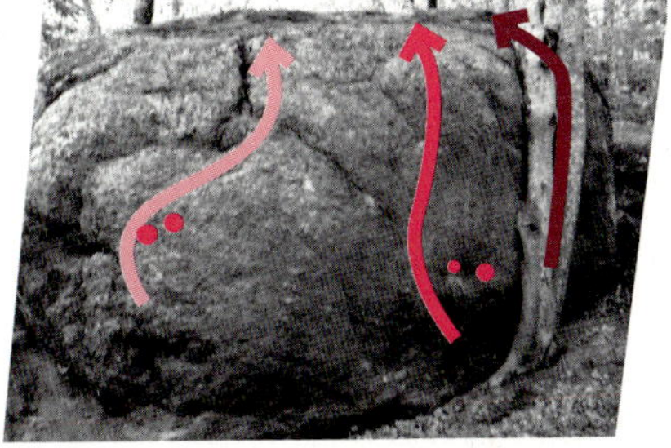

7-L'Oeuf du silence

■ **5** départ sur la grosse prise du bas***
■ **7a** avec ou sans épaules*** départ avec la prise demain marquée de 2 points.
■ **4** super colo ! les seules colos d'Yzeron, pratique pour la redescente!

yzeron (69)

secteur l'oeuf

8-Mini bloc

Micro bloc : hauteur 1 mètre

■ **5** joli reta !*

9-Rubicub

■ **6b** Tour du bloc en traversée G-D sans rebord, plus facile pour les petits !!!***
avec rebord (plat) = **4+**

10-Ongle incarné

■ **5+** dans la fissure

11-Titoeuf

Un bel oeuf, tout rond. Mais pourquoi est-il si rond?

- **5+** **
- **6c** ***

12-Tu peux te brosser

- **4**
- **4+**
- **3+** **

13-Monolithe

Bloc le plus éloigné du secteur.

- **5b+** dièdre sympa***

Lors de la finale de Yzeron Bloc 2002, sur la grande dalle carée.

yzeron (69)

secteur abo

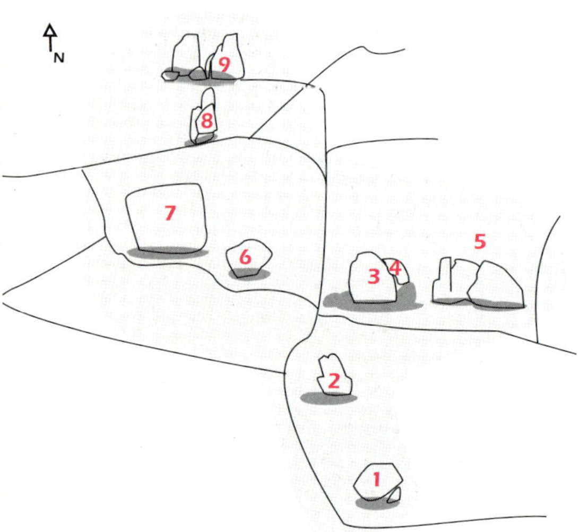

6-Le tombeau

■ **7a** Départ sur écaille partie de droite interdite*

attention à la parade : arbre déracin

1-Pearl Harbord

■ **7b** sans l'arrête de gauche et sans l
fissure de droite

■ **4+** départ debout aucun interdit

■ **5+/6a** départ assis aucun interdit**

2-Gaëllys

5 Départ assis, traversée sur la gauche, aucun interdit

6b Départ assis, tout droit, arrêtes G et D interdites

4+ Aucun interdit, départ debout

3-Hector Berlioz

7a Départ assis, sur écaille (sur grattons miniatures)

3+ Départ debout, aucun interdit.**

4-ABOminable

5/6a Départ pied sur gros caillou, traversé vers la gauche, arrête droite interdite

7b Mental et technique, départ debout à gauche, caillou de droite interdit.***

5-Petite Dulfer

3+ sans interdit, sympa pour les enfants

6b assis sur tes 2 ... (pas le bac pour le départ)
fissure gauche interdite

6a+ génial !!! , aucun interdit**

5+ aucun interdit

yzeron (69)

secteur abo

7-Dalle carrée

Bloc Haut (4/5m)

- 6a+
- 6c***
- 6a Départ debout***, départ assis NR

attention à la parade !

La plateforme de réception de ce bloc a nécéssité le travail de 8 bulldozers et 3 grues pendant 9 mois.

8-Orphelin

- 5+ Sans la fissure

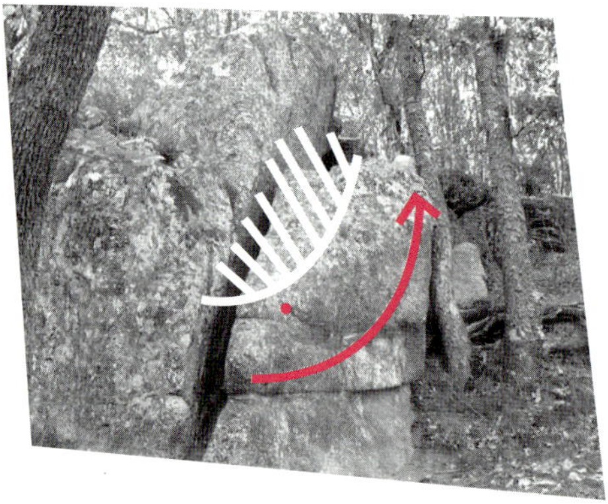

9-Famille nombreuse

- 4+ Fissure interdite, se grimpe avec les plats du haut.
- N.R. Départ assis = Abominable

Charlotte DURIF à Yzeron

yzeron (69)

secteur historique

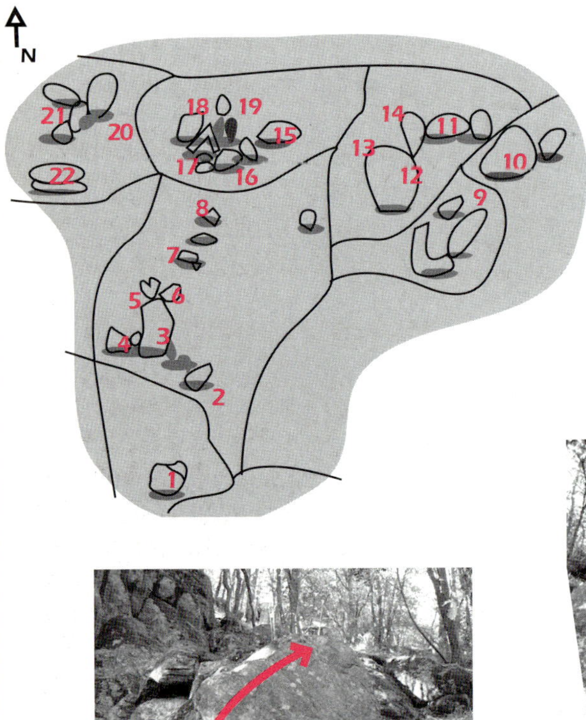

1-Le 1er bloc

6a+ départ debout**

6c départ assis**

6a tout droit*

des prises ont cassé...

2-Traversée facile

4 Départ debout en bas à G, fin à D, traversée avec l'arrête du haut.

5 La même, sans l'arrête

3-Dalle

5 Bloc assez haut

Parade efficace nécessaire relais en haut, quelques points, mais non conseillé (vétustes)**

4-Le green

4 départ en bas, arrivée en haut, bloc au centre d'une coulée vert

5-L'arrêt des fesses

6c départ assis, arrêtes interdites*

5+ départ debout, arrêtes autorisées

6-L'âme du Poêt

5 petite traversée sur écailles

7-Baltazar

6a départ prise de main à gauche puis, traversée sans le rebord**

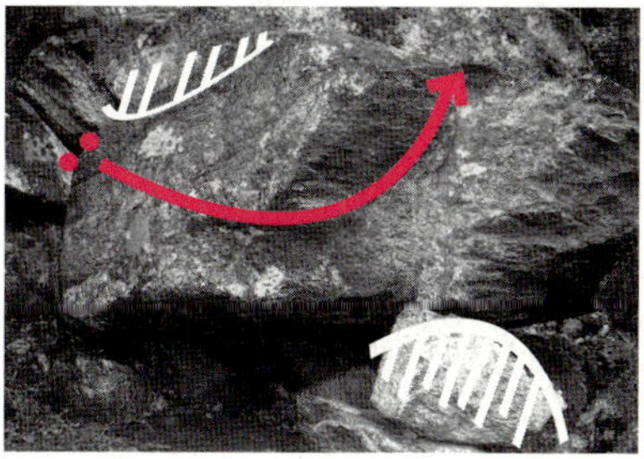

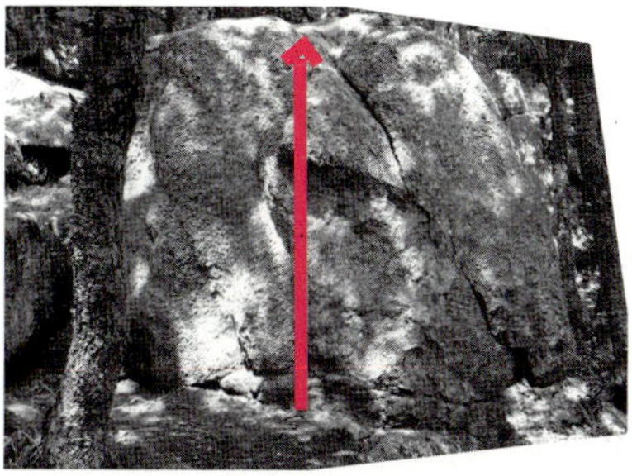

8-Sergio sur mars

4+ Très belle dalle, dédicace à Serge Vauvert!!!

yzeron (69)

secteur historique

9- Clochette chlorée chocolatée

6a **

Départ assis avec l'inverse 7a

10- La dalle aux trous

Comme sont nom l'indique !!!

5

5+

7a

Entre le bloc 10 et 11, la fissure à Bibus n'est pas mentionnée ici. Bloc historique sur lequel trois passages sont ouverts de 5 à 5+.

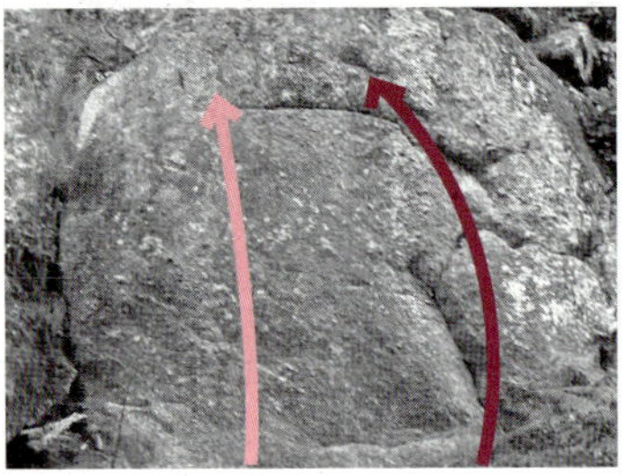

11- La Terreuse

6c Petites prises de dalles ***

5 Tout droit / bonnes prises

12- La dalle aux boutons

Multiples possibilités de 5 à 6a

Attention à la hauteur (7m), relais et accès par le haut.

Bloc antique, à son pied on été retrouvé les ossements du 1er grimpeur des Gaules, ils sont aujourd'hui conservés au musée Guillemet.

13- Pincette

du 4 au 6

Bloc haut, attention à la parade !!!
Diverses possibilités, chaines en haut.

14- Super pincette

du 4 au 6

Bloc haut, attention à la parade !!!
Diverses possibilités, chaines en haut.

15- La table

Bloc bas (moins d'1 mètre!)

■ **4+/5 plus on s'impose d'interdits plus le tour de table est dur !!!**

Présentation des finalistes Cadet et Junior filles lors du championnat de France espoir en 2005, à Lyon.

yzeron (69)

secteur historique

16- L'arrête

■ **3** Tout droit, dép. physique

17- Tipi ffme

■ **6a+** Départ à droite, puis traversée sur au face, sortie en haut à gauche. ***

■ **6a** Depart au fond à gauche, traversée p sortie en haut, face arrière interdite

Beaucoup de variantes sont ici possibles et plus abritées de la pluie!

18- La limace

■ **4** tout droit à gauche

■ **3+** tout droit au centre

■ **3** tout droit à droite

Bloc facile, assez haut, 2 relais au sommet attention à la chute !, réception mauvaise.

19- Le 5b/c

5/5+ Dep. assis, dep. debout (5/5+)

5+/6a L'éperon par la dalle sans l'arête (équilibre), pieds à plats, mains à plat.

2+ L'épron direct

20- Dalle aux pitons

6b Facile pour les grands, plein de méthodes !

5+ Traversée en bas, peu de prises de pieds, des croisés sur des plats.

21- Le recoin

4 Traversée

4+ Réta aérien

22- Le champi

du 4 au 6c**

Nombreuses possibilités sur ce champi, chaines en haut...

yzeron (69)

secteur çà coince

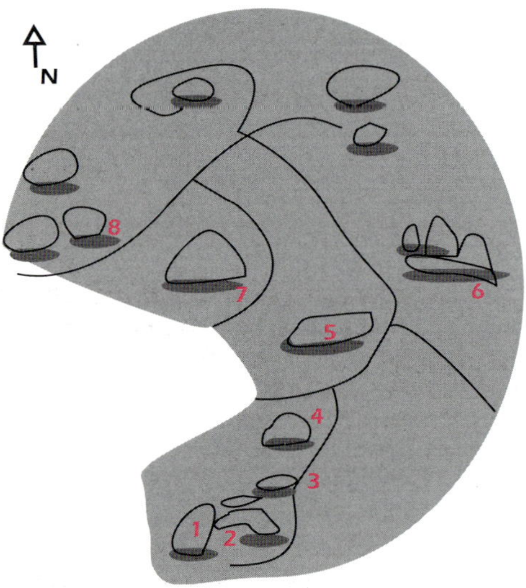

1-Méthode marmotte

5a/5b aucun interdit*

6c (dep. dynamique) grosse fissure droite interdite, dep. main droite sur petit téton**
ou dep. stat. avec la chiquette de gauche en plus : 7a

6b+ Méthode marmotte (original version), dep. sur les 2 croûtes (2 éca de g. interdites)***

7a+ dep. assis**

4c aucun interdit**

2-Toit Poffé

A droite de «Méthode marmotte»

6c *** prise de départ délirante !

3-Soucoupe :

■ **6a** le plus dur c'est le réta, départ les mains sur les deux prises marquées

4-La chaise du géant :

■ **6b** départ à gauche, traversée à droite talon autorisé pour commencer***

■ **6b** **

■ **5+**

5-Electron libre

■ **5+** grande traversée départ en bas à gauche** toutes prises autorisées, debout sur la marche

■ **2** tout droit, bloc enfant

Les cotations sont ici, comme ailleurs, tout à fait subjectives !
Si jamais ça ne vous plait pas tant pis, mais l'important est qu'elles restent cohérentes entres-elles et que vous vous éclatiez ! Si vous notez des inepties, merci de nous en faire part : info.cd69@ffme.fr ou le forum du www.ffme-cd69.org .
Le système de cotations que nous avons choisi est le système fontainebleau, en gros c'est le même que pour les voies sauf que c'est plus dur !!! Si vous avez par exemple le niveau 7a à vue en falaise, vous pouvez imaginer faire des 6b en bloc, mais après ça dépend encore de plein de choses, la force, les méthodes, le mental, la technique... et vos préférences pour l'une ou l'autre des disciplines, en tout cas nous vous conseillons de goûter au bloc, à la mode en ce moment pour son coté divertissant quand il est pratiqué à plusieurs.

yzeron (69)

secteur çà coince

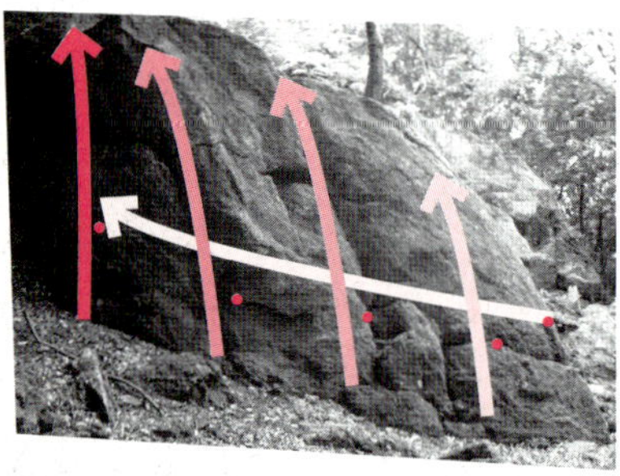

6-Hingalls le bucheron

bien pour l'échauffement
4 grande traversée **
4 tout droit, petites réglettes
3 grosses prises
6a+ variante difficile, départ sur les invers gros bacs interdits pour les mains et les pieds
3 grosses prises, bon échauffement.

7-Sagouins boulder

Bloc d'ampleur avec de nombreuses variantes
6c *** arquées et plats, départ assis
6b***tout droit dans la dalle, on place bien son pied et on respire !

8-Carter pilleur

5+/6a jump + traversée, bloc amusant sur c bout de caillou!!! *
Dernier bloc du secteur derrière vous à votr gauche, c'est le bloc 5b/c du secteur historiqu

spit
fixez juste
Leader français des systèmes de fixation pour le BTP
SPIT route de Lyon BP 104
26501 Bourg-lès-Valence
www.spit.fr
SERVICE CLIENTS
0.810.102.102*
fax. 0. 810. 432. 432.
service.clients@spit.com
*Pour le prix d'une communication locale

yzeron (69)

secteur ancrage

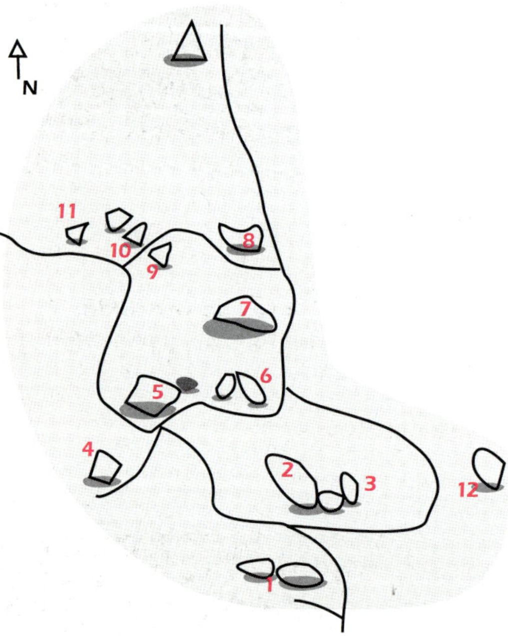

1-Champignon anatomiqu

6a depart assis pieds sur la rampe, de jolis plats

4 dep. assis sur la pierre siège confortable !

2-Dingodingue

7b magnifique sur gros trous plats....*

7a/7b athlétique et prise de décision

5+ physique!

parade recommandée

3-Bloc aux filles

- **5** dep. à droite sur cailloux athlétique

attention écaille cassante

4-Cubi

- **6a+** (avec indication prise de depart) **
- **6b** (idem)

5-Big Shrek

- **3+**
- **4+** traversée et réta**
- **4** suivre la fissure ou à droite des dalles
- **6a** ça fait peur ! mais ou est la prise clé ?*** et **6a+** pour les petits
- **5+**

crash pad recommandé

Dingo et Laurent, à Yzeron dans le toit poffé, secteur ça coince.

yzeron (69)

secteur ancrage

6-Bloc 13

6b départ assis, traversée ***
bloc interessant

7-La cabane du Voodoo

2+ la fissure
4+
3

8-Bloc 8

6a+ ** Traversée avec le départ ass

9-International No Hand Contest

- **6a** dep. assis Prise pour le talon pied droit**
- **2+** ptite traversée
- **5+** sans les mains
- **5+**

10-Double homicide

- **6a+** arrête en haut interdite sur plats*
- **3** sur dalle inclinée

11-Chamonixe

- **7a** on se croirait à Cham. ***
- **6c** et là à Aillefroide :-) ** 7a+, rampe interdite pour la sortie

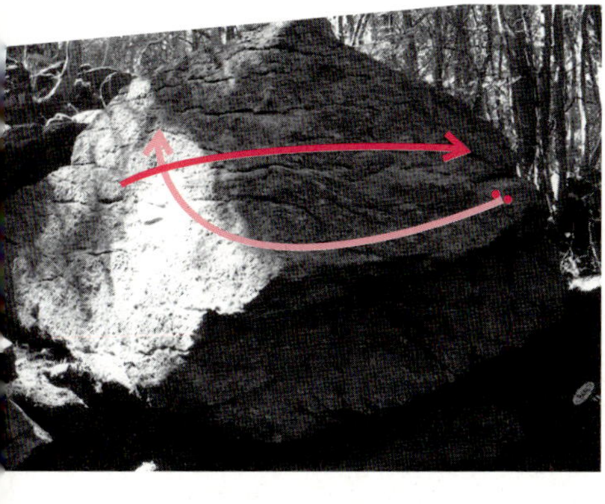

12- Bloc 12

- **4+** haut interdit **
- **3** facile et 3+ sans le haut du bloc

yzeron (69)

secteur 2eme chance

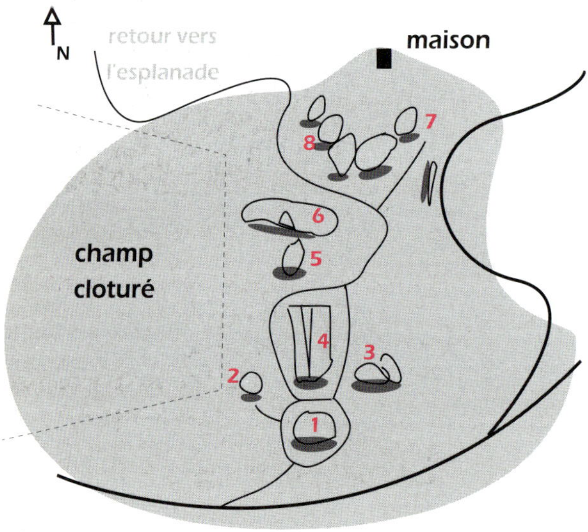

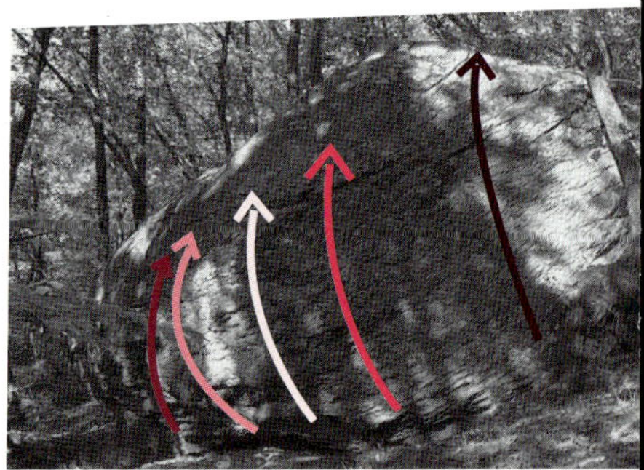

1-Le brigand vert

6a/6b dévers à gros plats**

7?/8? départ debout plats e

chiquettes... dur dur

6c bombé puis dalle 3 mouv

6b flèche orange

6a grosse flèche rouge*

2-TIKENJA

Petit bloc (1 mètre)

6a si départ pieds en haut en crochetage sur les prises du réta!

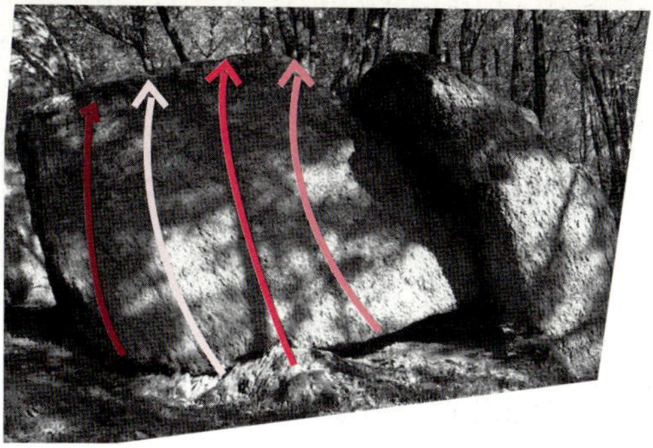

3-J'ai la scarlatine.

- **6b** départ assis, sans le bord du bloc main droite**
- **5b** petite dalle inclinée*
- **5c** parfait pour l'échauffement*
- **5b** *

Le tour du bloc vaut à peu près **6b+** un hommage à ???

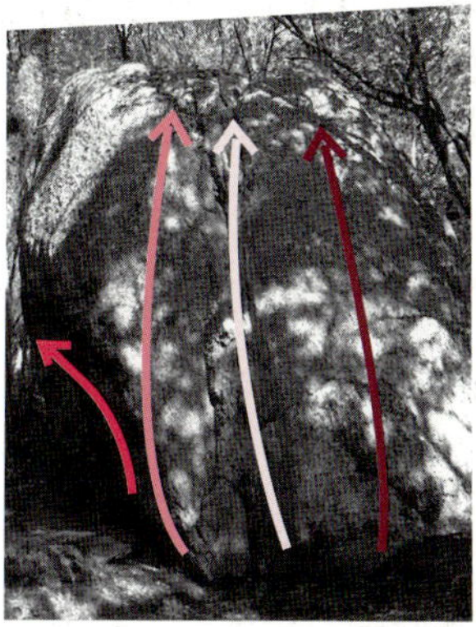

4-Le livre ouvert, face sud

Bloc haut! attention à la parade et aux pads!!
Pour la redescente voir en face nord.

- traversée à gauche **6c/7a*****
- **6c** engagé et moussu sur gratons
- **5c** dièdre jusqu'en haut, engagé**
- **6a** grande dalle

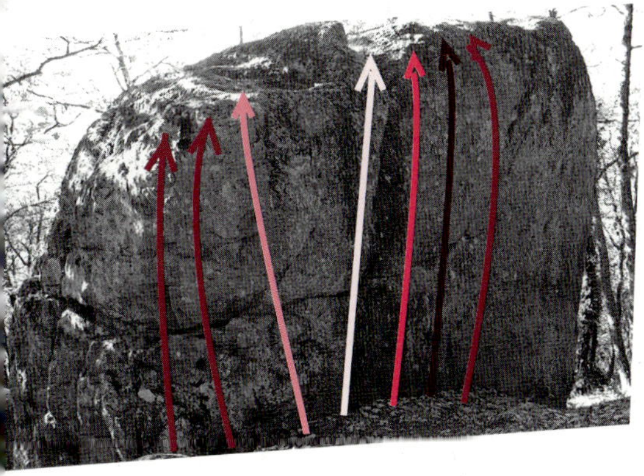

4-Le livre ouvert, face nord

- **4/5** 2 blocs faciles
- **5** redescente conseillée
- **5** fissure, autre redescente conseillée
- **6b/6c** vertical et petites prises**
- **7a** très technique***
- **6a** arrête, assez haute...

5-Indiana

- **5** passage très facile, pour l'initiation

yzeron (69)

secteur 2ème chance

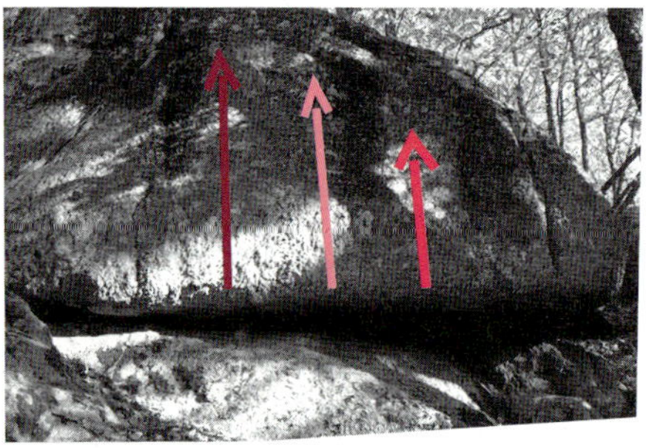

6-Jolly Jumper

Bloc en dalle, toute la partie de gauch de cet ensemble n'a pas encore été exploitée...

- **7b départ très dur***
- **7a/b dalle très fine****
- **6a départ debout**

7-L'utopie

- **6a gros bacs en dévers****
- **6b+ départ assis le pied de départ est marqué en orange**

8-BLOC

- **6b un réta délicat****
- **4+ un bloc d'envergure*****
- **6c départ assis, assez teigneux*****

Mille remerciements à Stéphane Gaillot pour ses renseignements sur le secteur seconde chance!

Une petite sieste en falaise, y'a rien de mieux! (par Quentin B. grimpeur Ansois, dans le Tarn)

Roche mazura (69)

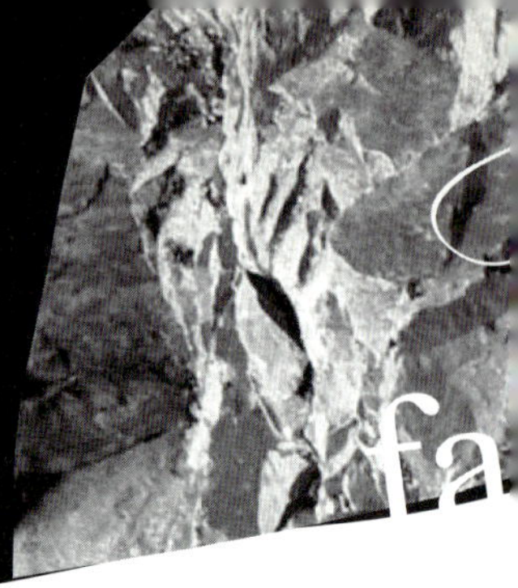

présentation + accès

12 voies ✯ de 4+ à 7a ✯ Orientation : S/O ✯ de 8 à 12m
Commune de Saint Laurent de Vaux

Présentation

Deux petits rochers d'une dizaine de mètres de haut, qui proposent une douzaine de jolies voies allant du facile (4c) au plus difficile (7a), ce site a l'avantage d'être situé dans un cadre magnifique, assez sauvage et calme.

Accès

Depuis Vaugneray, suivre Saint Laurent de Vaux (à gauche dans Vaugneray). A l'embranchement de la route montant au village, ne pas traverser le pont mais suivre le ruisseau (tout droit) jusqu'au hameau « Les Ardets » où l'on peut se garer (respecter les propriétés privées). Prendre le chemin qui monte sur environ 400 mètres puis tourner à gauche sur un autre chemin au niveau d'un bloc rocheux. 100 mètres après, s'engager sur un sentier qui monte sur la droite dans le bois. Le site se situe un peu plus haut, à moins de 100 mètres.

Type d'escalade & géologie

Un rocher assez agressif, très abrasif, du gneiss à écailles. Des voies plutôt courtes, donc assez « intenses ». Le rocher du haut est une grosse dalle simple, le rocher du bas présente un petit dévers sur la droite et une grande fissure en travers. Attention, le rocher est parfois recouvert d'un peu de mousse.

Equipement & matos

Le site a été récemment ré-équipé de broches, les points sont donc tous irréprochables, mais les relais sont constitués de deux points non reliés. Les voies ne dépassent pas 12 mètres, une petite corde est donc suffisante.

Météo

Le rocher est orienté sud, mais le bois tout autour protège bien du soleil et peut rendre le site humide. Il fait vite froid, l'escalade peut donc être difficile en hiver pour les frileux.

Pratique

Il est possible de se ravitailler aux villages de Vaugneray ou Saint Laurent de Vaux. Le site ne convient absolument pas aux groupes !

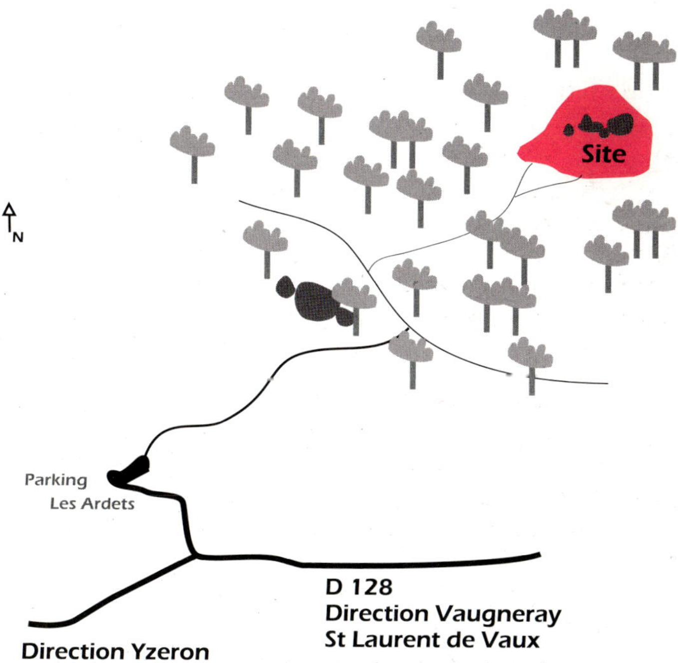

ROCHE MAZURA (69)

secteurs 1 et 2

BLOC 1 :

1 **Tchernobyl** **5c** 3 broches
2 **Préhistoire** **6b** 3 broches
3 **Le Roi David** **6a** 3 broches
4 **Critère :** **6b+** 3 broches, fin et un peu espacé***
5 **Le Mur de Berlin** **4+** 3 broches

BLOC 2 :

6 **Petit à petit 6b** 2 broches
7 **Toupala 5c** 2 broches
8 **Greystokes 5b** 3 broches
9 **La Jongle en folie 4c** 4 broches***
10 **Seraphin 4c** 5 broches (traversée)***
11 **Le second équilibre 6c** 4 broches***
12 **Le troisième équilibre 7a** 3 broches**

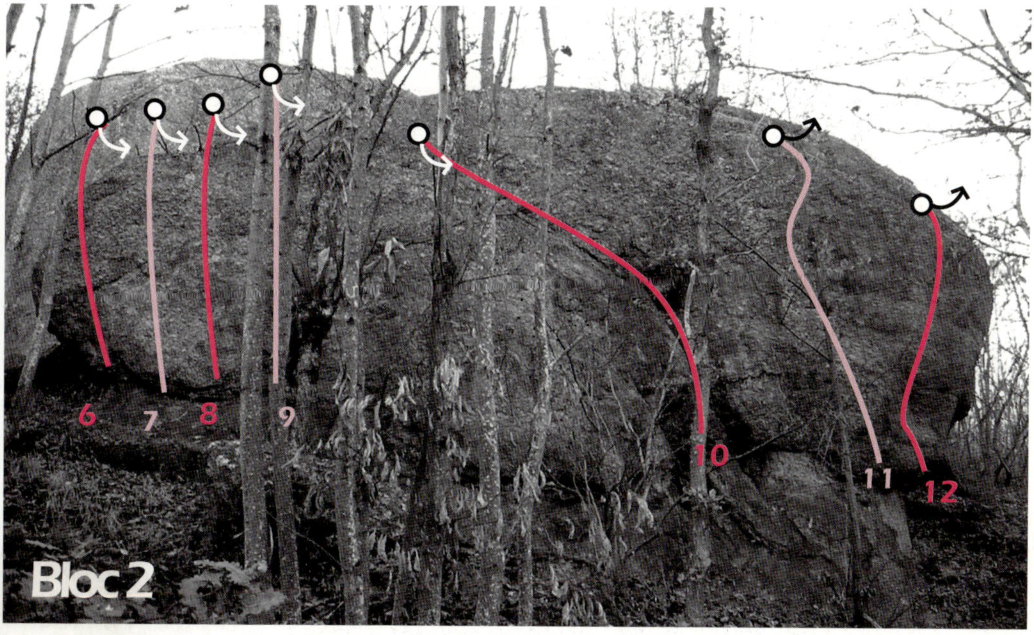

croix du ban (6

présentation + accès

+ de 60 blocs ✩ de 4 à 7a+ ✩ Orientation : S ✩ de 3 à 8m
GPS N 45,77781389 E 4,644702778

Présentation

Petit site des monts du Lyonnais, la croix du ban est à la fois un site d'initiation et un site de bloc, mais qui intéressera surtout les débutants ou les grimpeurs modestes... Pas de grosses perfs ici !

Accès

A 20 km à l'ouest de Lyon
A l'entrée de Pollionnay, en venant de Craponne, prendre direction Saint-Pierre la Palud (D610) jusqu'au col de la croix du ban (ancienne auberge). Se garer sur le bord de la route (peu de places). Prendre le chemin des limites puis immédiatement à droite en contrebas sur environ 500 mètres (dépasser le terrain grillagé) puis encore à droite sur un sentier plus petit qui donne accès aux premiers blocs.

Type d'escalade & géologie

Blocs de Gneiss de hauteurs variées (3 à 8 mètres) et compacts. L'escalade y est variée, physique ou technique, dalles dièdres ou devers, on trouve de tout !

Equipement & matos

L'équipement est ancien et partiel. La plupart des blocs ont au moins deux point en haut, broches, arbres, pour permettre l'installation d'une corde (accès par le haut pour tous les blocs), et certains sont équipés pour la grimpe en tête. Il est pratique de rallonger les points en les couplants avec des sangles, pour éviter les frottements. Vu la hauteur des voies, une corde de 25 mètres est suffisante partout, et 6 dégaines sont plus que suffisantes.
Merci à Emilien CARLE pour ses infos.

Météo

Le site est en plein milieu des bois, à l'abri du soleil l'été, mais très sensible à l'humidité... On trouve des blocs orientés dans tous les sens, mais l'orientation Sud domine. Altitude 660m.

Pratique

Le ravitaillement est possible à Pollionnay ou Saint Pierre la Palud. Le site est très pratique pour les groupes.

Les Voies

Les voies / blocs? sont ici indicatifs. Les passages proposés sont loin d'être exhaustifs, les variantes sont multiples... Il existe aussi quelques petits blocs qui ne sont pas indiqués sur ce topo, perdus au milieu de la foret.

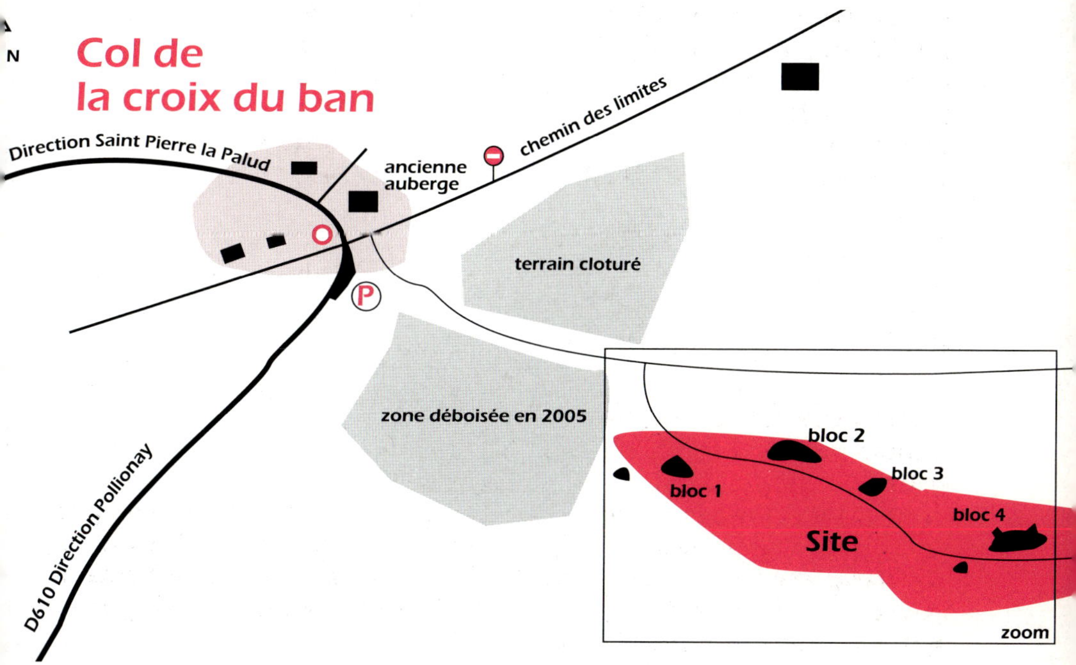

croix du ban (6

bloc 1 et 2

bloc 1

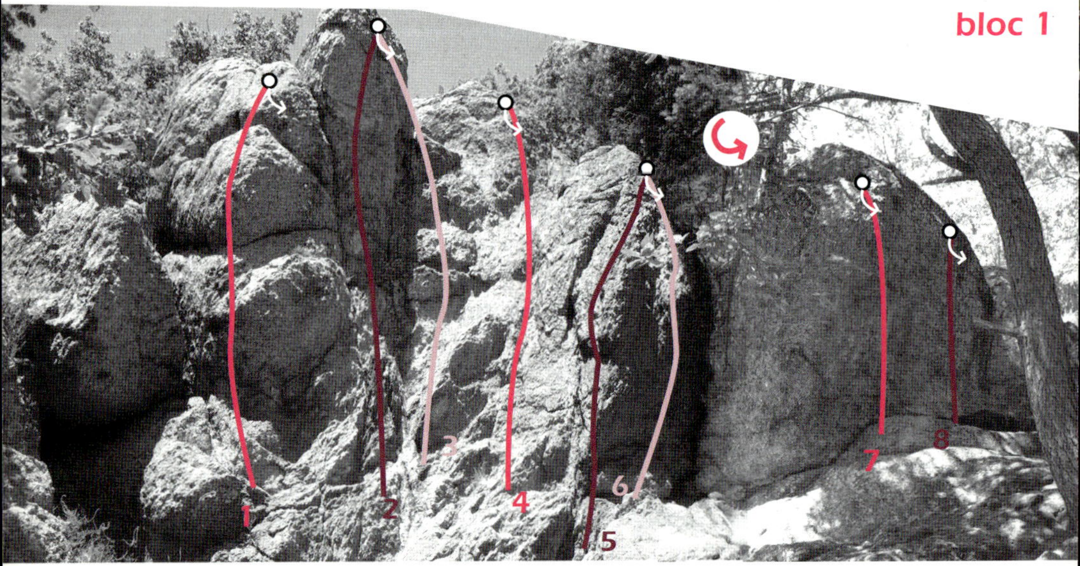

bloc 2

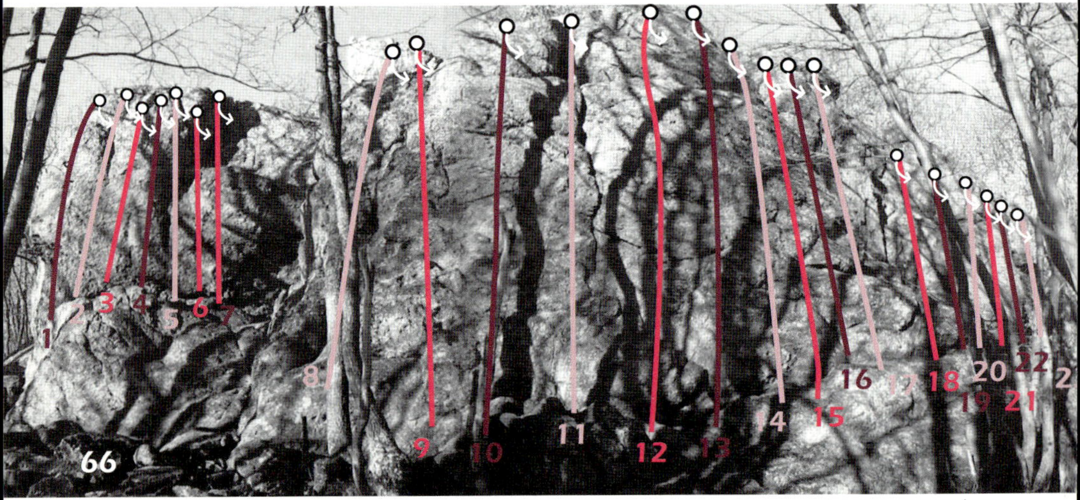

Les départs de voies/blocs sont fléchés, sur ce site, avec un code couleur (cotations voies)

Blanc très facile **3**
Jaune facile **3/4**
Orange moyen **4+/5**
Bleu peu difficile **5/5+**
Rouge difficile **6**
Noir très difficile **7**

Bloc 1

Premier bloc sur le chemin, 5 points en haut

1 **L'échelle : 5a** bleu
2 **La gratouille 5+** rouge (sans arrête)***
3 **L'escalier 3** jaune***
4 **L'espalier 5a** bleue
5 **Rince doigts 6b+** rouge
6 **Finger fissure 6a** rouge
7 **La puce 7?** noire, derrière n°6
8 **L'oeuf au plat 6a** rouge**

Bloc 2

Barre principale, 18 points en haut

1 **Le geicko 4b** jaune
2 **El loco 7a** noire**
3 **Le talon d'Achille 6a+** rouge
4 **Vélociraptor 5b** bleue
5 **Prédator 5a** bleue
6 **Aspirator 4c** orange
7 **Terminator 5b** bleue
8 **Chamois 3+** jaune, 3pt**
9 **Bouquetin 4a** orange, 3pt**
10 **Chèvre 3+** jaune, 4pt***
11 **Marmotte 3** jaune, 4pt, a droite de la fissure***
12 **Castor 3+** jaune, a droite de la fissure***
13 **Loutre 3** jaune***
14 **Lapin 3** jaune***
15 **Renard 3** jaune, dans le dièdre
16 **Loup 4** orange**
17 **Lièvre 4** orange, a gauche de la coulée**
18 **Lapilapin 4** orange
19 **Le p'tit gars 4** orange
20 **Le p'tit dur 4** orange
21 **Le p'tit matin 4** orange
22 **Le p'tit pas 5b** bleu**
23 **Le p'tit mur 6a** rouge, petit dévers et réta***

croix du ban (6

bloc 3 et 4

bloc 3

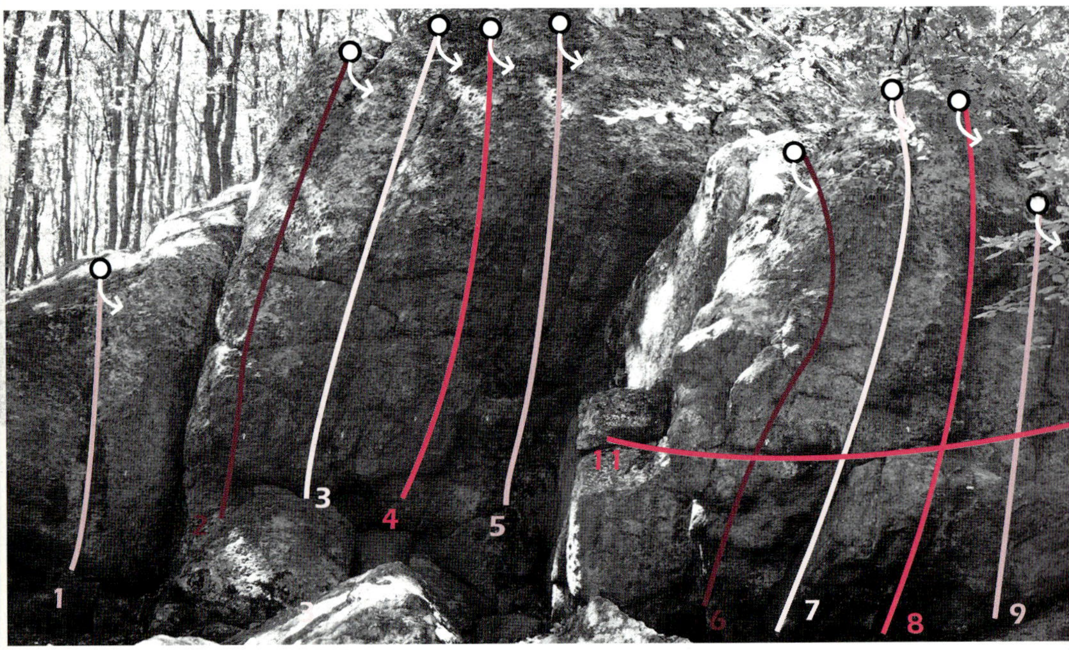

Bloc 3

3 points en haut + arbre pour amarages naturels

1 Step by step **4b** orange
2 La croix **5a** bleu***
3 La banière **5b** bleu
4 Crispette **6b+** rouge***
5 Le trou du crux **7?** noir (non répété?)
6 La boite à bacs **4b** orange
7 Le bon **5b** bleu
8 La brute **5a** bleu
9 Le truand **5b** bleu**
10 Bloque ou jette **6a** rouge
11 La manche à la nage **6b** rouge, traversée***

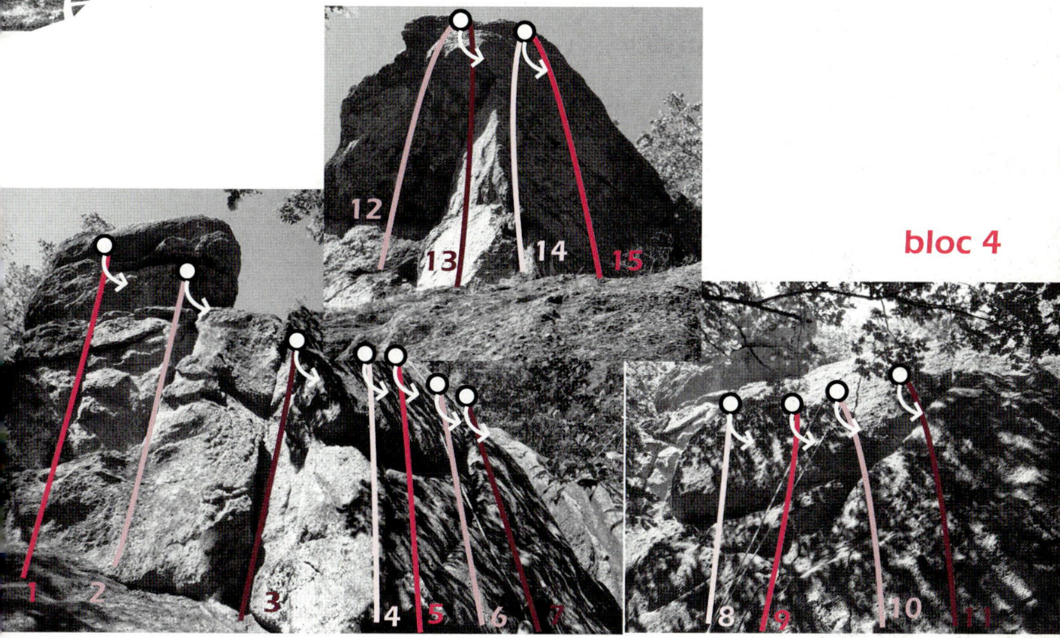

bloc 4

Bloc 4

C'est la 2ème barre importante du site. Une douzaine de points au sommet, non triangulés.

1 **Dalle matien** **4c** orange**

2 **Dalle tonien** **4b** orange**

3 **La prise aux niais** **4a** orange

4 **La folie des grandeurs** **4a** orange

5 **Arrache toit** **5c** bleu*

6 **L'amie dalle** **5a** bleu*

7 **Entrée principale** **4a** jaune*

8 **Mer de sang** **7?** noir

9 **La colonne vertebrale** **5b** bleu**

10 **La marche du podium** **6b+** rouge**

11 **Mare de sang** **6a** rouge

12 **Le goëland** **5c** bleu

13 **L'albatros** **4c** orange

14 **Le fou de bassans** **4b** orange

15 **La mouette** **5a** bleu

Curis (69)
au mont d or
présentation + accès

26 voies ✩ de 5a à 6c ✩ Orientation : S/O ✩ de 10 à 25m
GPS N 45,86815556 E 4,813133333

Présentation
Falaise très proche de Lyon, Curis est un site très sympa, où la grimpe est agréable avec de nombreuses voies dans le 5/6. Les voies faciles, bien que minoritaires, ne sont pas rares, attention aux nombreuses chutes de pierres.

Accès
A 13 km au nord ouest de Lyon. Traverser le village en direction de Poleymieux, et à la sortie, prendre la direction du « bois de la côte » juste après un petit pâté de maisons. Il est conseillé de se garer dans le village. Prendre un petite route un peu raide sur la droite. Le site est à environ 400 mètres plus loin, sur la droite.

Type d'escalade & géologie
Ancienne carrière, le site présente du calcaire de qualité médiocre à excellent. Les voies, d'une vingtaine de mètres sont de manière générale plutôt agréables.

Equipement & matos
Equipement tout à fait correct, site équipé à l'origine par le club de Saint Priest Montagne, revisité en 2004, relais constitués de deux points reliés par une chaîne, le port du casque reste vivement conseillé sur ce site, ou des pierres tombent en permanence. Une dizaine de dégaines suffit, ainsi qu'une corde de 45 mètres. Merci à François Tuaillon pour ses infos.

Météo
Orientation Sud et Ouest, mais à l'abri des arbres, l'escalade est possible tout au long de l'année.

Pratique

Toutes les commodités sont accessibles au village de Curis-au-mont-d'Or, restaurants, épiceries, boulangeries, bars...
Pour les groupes nous vous proposons d'inscrire sur le forum du site Internet du comité départemental le jour où vous souhaitez sortir et le nombre de personnes. Nous ne prétendons pas par ce principe interdire ou réserver l'accès à quiconque, mais permettre aux organisateurs de sorties de s'arranger. Les mercredis de fin d'années scolaires sont souvent surpeuplés...

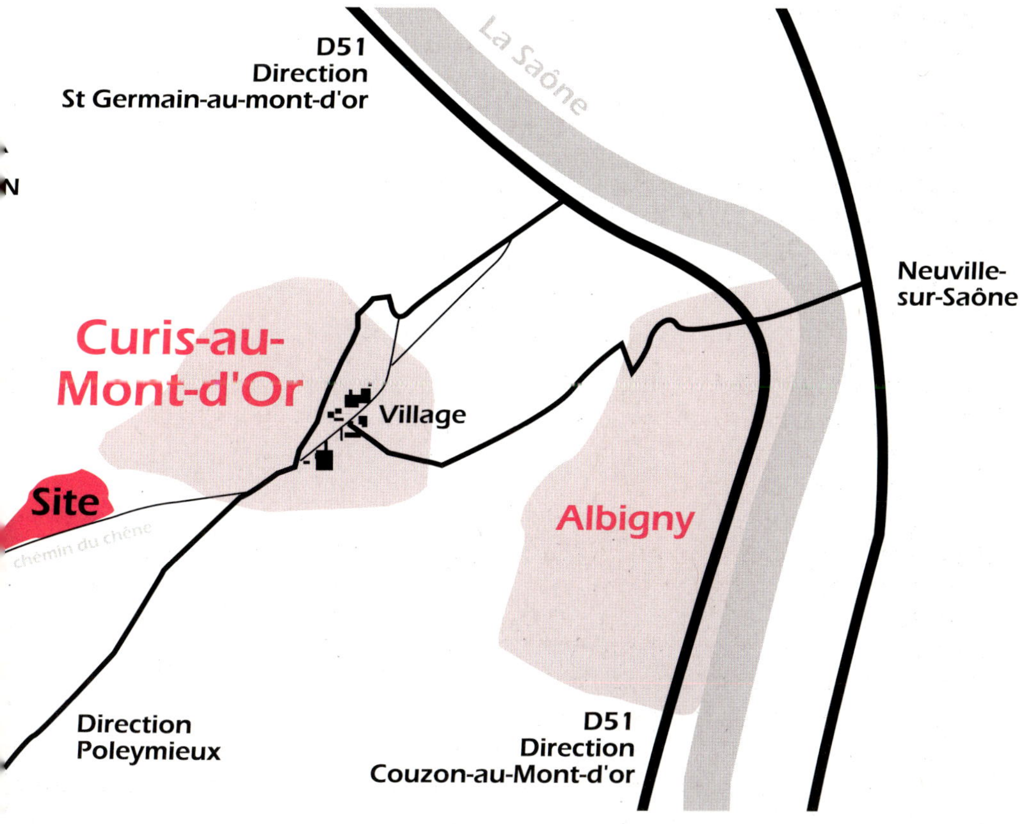

Curis au mont d or (69)

secteur « Dalle »

Secteur Dalle

1 Scarlett **4+**

2 Cathy-mini **6a** 9 points, continuité, surprise moyenne + variante sur la gauche, pas dur en dalle, demarre sur 3, 15m *

3 La Dada d'Amine **5c** 7 points, travail sur l'arrête, morpho.

4 Javel **6a** 7 points, 15m, 1er point un peu loin, sur l'arrête, dans le haut section difficile ***

5 Gagne-pain **5c** 5 points, variante avec uniquement la face de gauche **6b**, belle dalle! ***

6 Révol-vert **6a** 10 points***

7 La liberté ou la mort **6a** 9 points ***

8 Kinou **6c** 8 points **

9 Maria lover : **5b** 9 points, 16m *

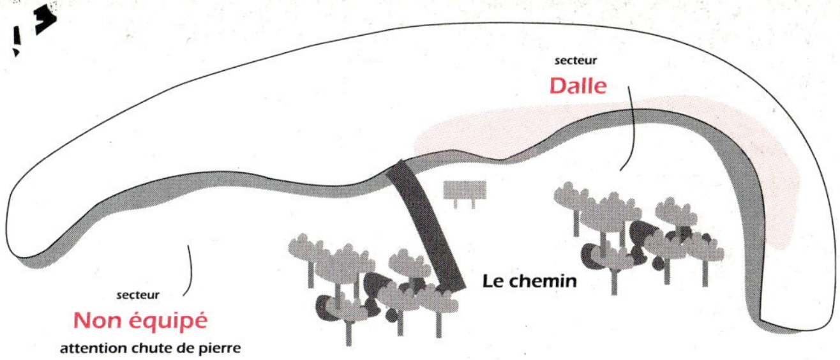

10 Chris **6a** 8 points, sur le pilier, à bras puis de la finesse... 14m **

11 Fédé projets **6b** 4 points, sur le pilier, équipée pendant un stage initiateur 7m *

12 For ever **5b** 7 points , poussièreuse

12bis For ever **6a** 7 points , surprise! *

13 Tout ou rien **5b** 7 points, réta difficile *

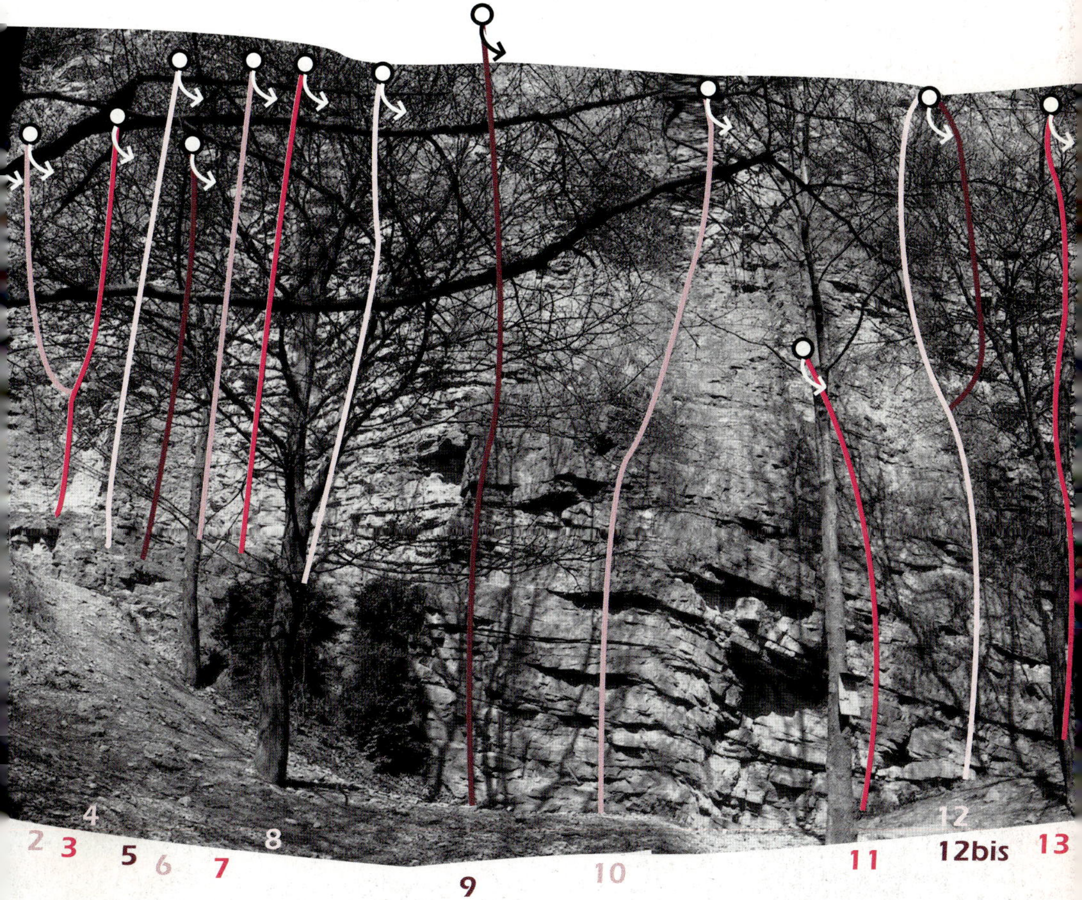

Curis (69)
au mont d'or

secteur « Dalle + Dièrdre »

Secteur Dalle + Dièdre

14 Le voleur **5a** 5 points

15 Choupette **5a** 4 points

16 Amour et anarchie **5b** 8 points *

17 Durand'alle **6a+** 7 points **

18 Mouton **5+** 8 points ***
entre ces 2 voies : relais sans points en dessous

19 Vieille garde **6a** 8 points, des strates ! crux au 5ème clou **

20 Ni dieu ni maître **6a** 8 points, fin sur les bombés ***

21 Born rue Proudhon **5b** 8 points, **6b** sans le dièdre 12m **

22 Kehops **5b+** 6 points, un empilement de blocs! **

23 La prise en or **5b** 7 points **

24 Saratamapanga **5c** 8 points **

25 Trax **5b** 6 points, courte voie **

26 ??? **5b** 0 points, voie non équipée, pas de relais, passe sur coinçeurs??

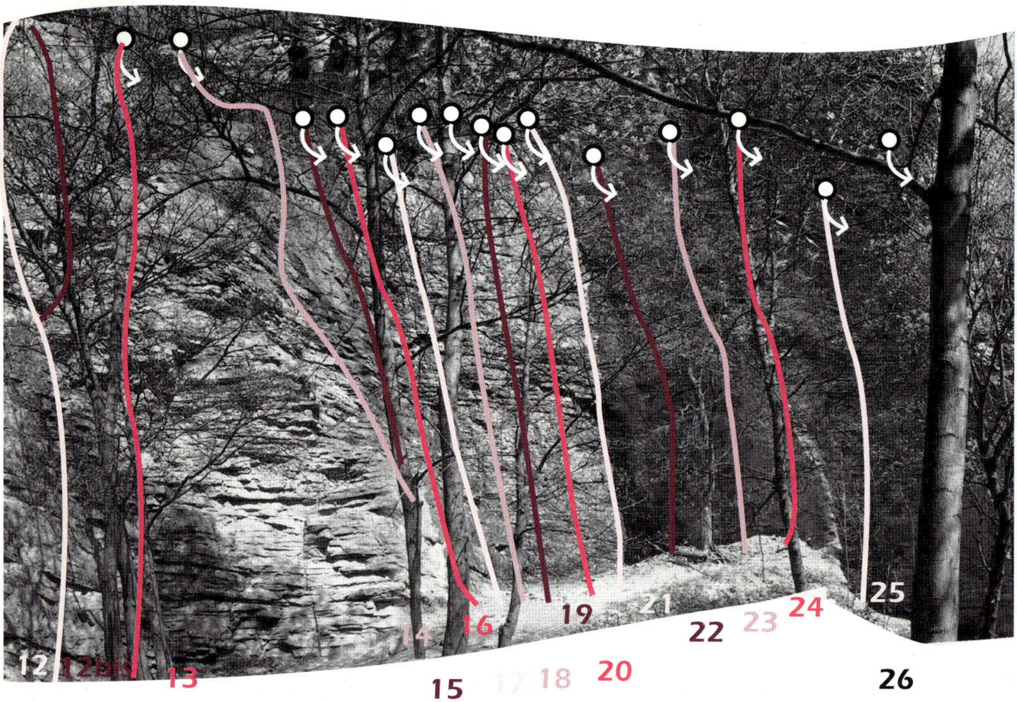

Limas (69)

présentation + accès

32 voies ✩ de 3+ à 7a ✩ Toutes Orientations ✩ de 10 à 15m
GPS N 45,96791389 E 4,701519444

Présentation

La falaise de Limas est aussi connue sous le nom de école d'escalade de Buissante. L'escalade y est plaisante, du 4 au 7a beaucoup dans le 5+, 6a.

Accès

De Villefranche-sur-Saône, aller à Limas (à 35 km au nord de Lyon).
Dans Limas, prendre direction Eglise/Mairie et filer droit après l'église en direction de Pommiers, viser la montée pentue sur le bord droit de la route, la rue Claudius Lamarche. Après la montée, à droite devant le relais TV, rue des Sabrinières. Vous êtes dans un lotissement, rue des Carrières, se garer dès lors sur un petit parking à gauche. Le sentier d'accès débute entre 2 villas (n°180 et 188) sur la gauche et traverse les vignes avant de déboucher sur la falaise.
Merci de respecter la tranquillité des habitants.

Type d'escalade & géologie

Calcaire à Gryphée, les huîtres du Sinémurien, il y a 200 millions d'années. Le calcaire de Limas est assez compact et stratifié, l'escalade y est donc assez répétitive, mais intéressante il faut repérer la strate, trouver là où elle tient le mieux et monter les pieds !

Equipement & matos

L'équipement est en cours de rénovation à Limas, donc vigilance ! Merci aux membres du club CAF de Villefranche-sur-Saône, propriétaire du terrain, qui entretiennent le site, qui serait sinon déjà une décharge.
Le voies font une 15aine de mètres, portez un casque car les chutes de

pierres sont fréquentes dans cette ancienne carrière.

Météo

Plusieurs orientations, le site forme une arène, agréable toute l'année.

Pratique

Pour les groupes nous vous proposons d'inscrire sur le forum du site Internet du comité départemental le jour où vous souhaitez sortir et le nombre de personnes. Nous ne prétendons pas par ce principe interdire ou réserver l'accès à quiconque, mais permettre aux organisateurs de sorties de s'arranger. Les mercredis de fin d'année scolaire sont souvent surpeuplés...

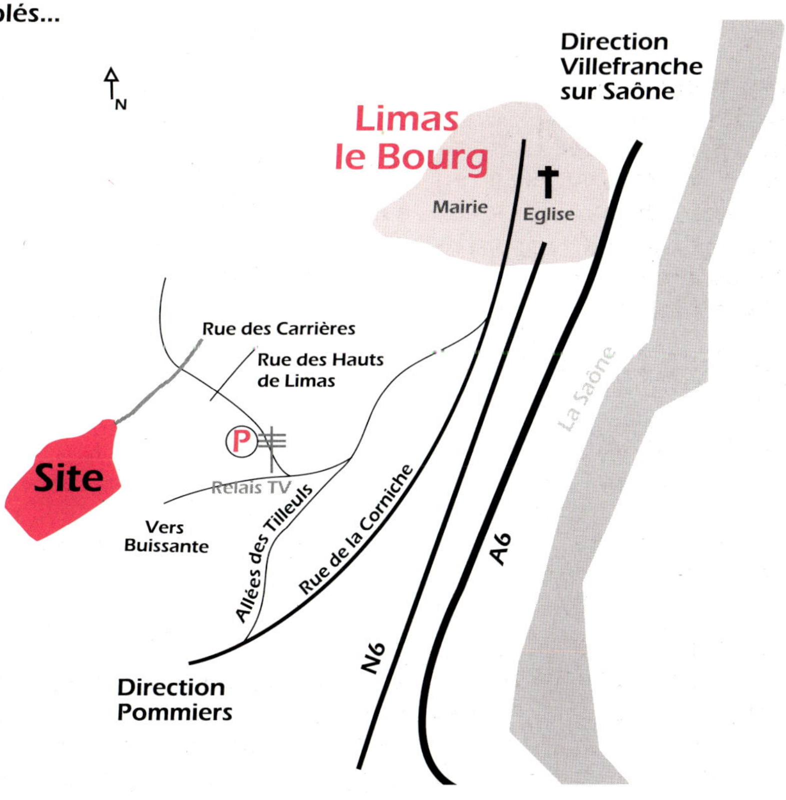

Limas (69)

secteur « grande face »

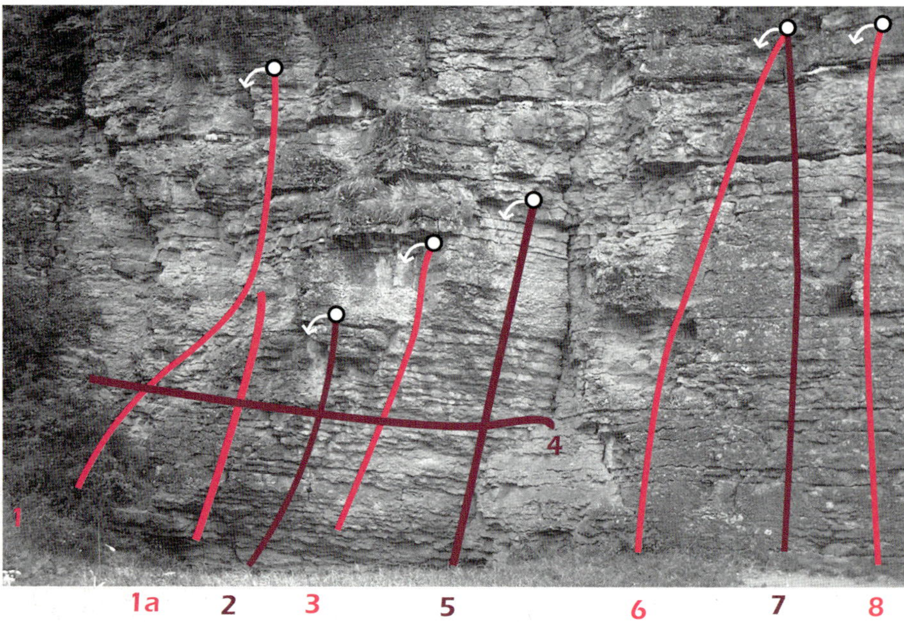

Secteur grande face

1 L'escaladoise **3+/4** 7 points***

1a La revanche **6b** départ de voie dur et engagée (1point)

2 Mortelle randonnée **7a** 1 point

3 Le papy sextogradiste **7a** 1 point

4 Les rougeons macabres traversée **6b** traversée**

5 nouvelle voie **??** ?? point

6 Parcours de santé **4** 5 point, relais commun avec la 6

7 Le spitologue magique **4+** 7 points **

8 Merci fossile **4+** 7 points

9 Les enfants du roc **5a** 6 points

10 Rêve de lézards **4+** 7 points ,vertical

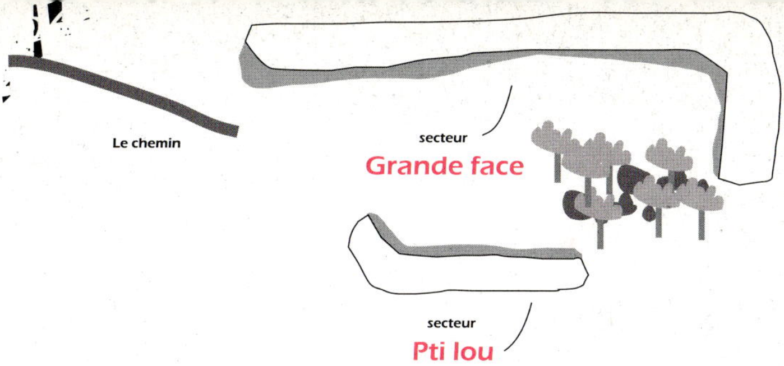

11 Luxe, calme et volupté **6a+/6b , 7a** si + a gauche**
12 Super Stan **5** 4 points***nouvelle voie
13 Les jardins de Babylone **5a** 4 points**
14 Blanche fesse et les sept nains **4+** et un pas de **5** 4 points**
15 Des plaies et Débos **5+** 4 points***
16 L'enfer des Liliputiens **6a+** 4 points***
17 Un pas c'est tout **5+** 4 points***
18 Franc rire **4+** 4 points***
19 ??? **5/5+** 4 points***nouvelle voie
20 Super calexium **5+/6a** 4 points**
21 Troposphère **5+** 4 points***
22 Sertao **6a** 3 points***
23 Le beau loup intrépide **6a** 3 points***

Limas (69)

secteur « grande face »

21 Invisible food **5+** 4 points**
22 La « Falez » **5** 4 points***
23 Une petite couennerie **5+/6a** 2 points
24 Vol au dessus d'1 nid de Gaspard **5+** 7 points
25 Baquet cadeau **5** 7 points
26 Le lierre et la tortue **6a** 8 points
27 Onze shoots **5** 8 points
28 Le dièdre oublié **4+** 8 points***
29 La directe de Julien **5b** 6 points, 15 m**
30 La nounours **5b** 6 points, 16 m
31 Le mur des lamentations **6c** 7 points, 16 m***
32 Victoire sur l'équeville **6a** 6 points, 10m

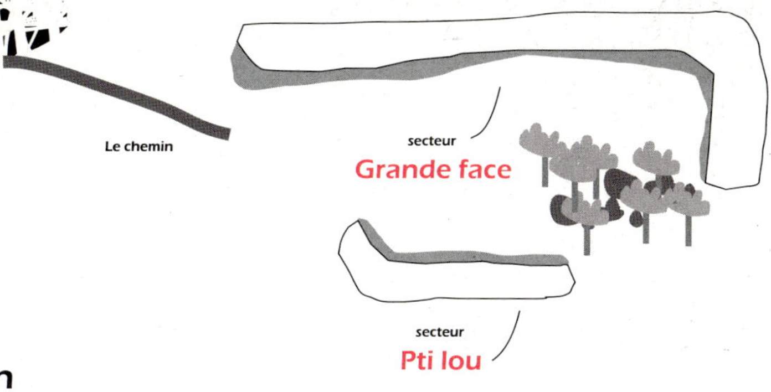

Secteur initiation

1 titou 4 points
2 prout de mamout 3 points***
3 totoche 3 points***
4 scratch 3 points***
5 gros calin 5 points***
6 hou ! les amoureux 3 points
7 maxi gouter 2 points***
8 dent de lait 3 points

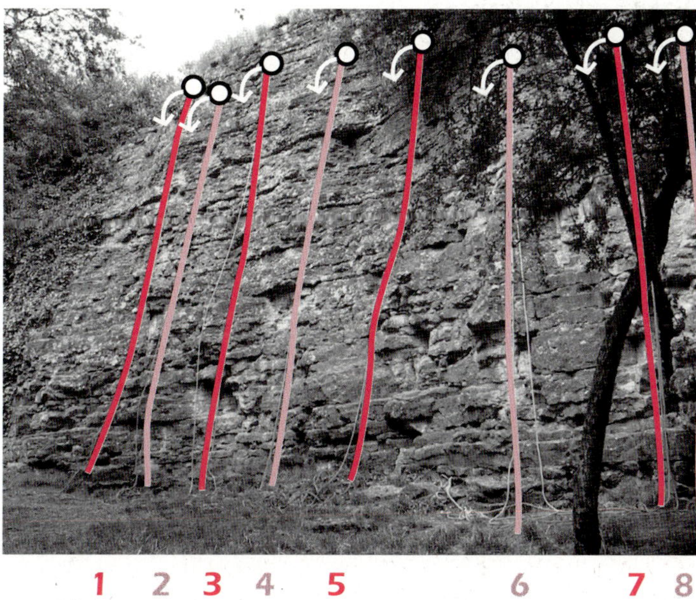

vertrieu (38)

présentation + accès

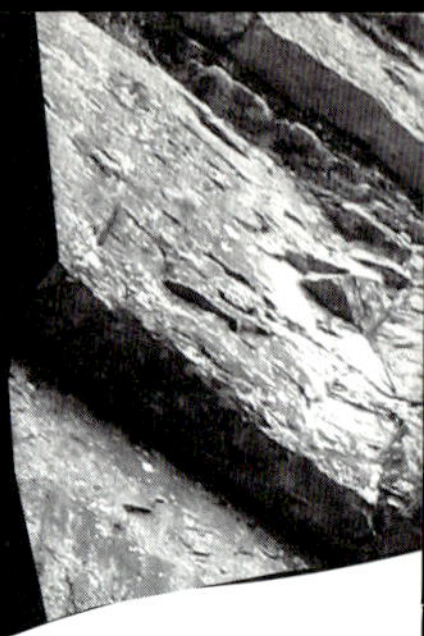

+ de 60 voies ✱ de 4 à 7a ✱ Orientation : N & O ✱ 10 à 20m

Présentation
Petite falaise école, le site de Vertrieu plus de 60 voies de tous niveaux. Le site principal se trouve le long de la nationale, les secteurs plus à l'écart sont beaucoup plus agréables.

Accès
A moins de 50 km de Lyon par l'autoroute A42. Depuis Lagnieu, rejoindre la N75 en direction de Vertrieu. Le site est un peu après le village, sur la nationale. On peut se garer directement au pied des voies ou dans le village.

Type d'escalade & géologie
Calcaire jurassique, le rocher est assez solide. On trouve à la fois des dalles, des fissures, des dièdres, des surplombs... Les voies font entre 10 et 25 mètres.

Equipement & matos
L'équipement est assez moyen et très hétérogène, principalement en plaquettes et broches. Certaines voies ont un équipement limité et peu sûr (points anciens ou mal fixés...). Mais une grande partie des voies ont été récemment ré-équipées et les relais sont impeccables. Une dizaine de dégaines et une corde de 40 mètres suffisent pour la grande majorité des voies.

Météo
Le site est orienté au Nord et à l'Ouest, mais est accessible toute l'année. Le rocher est par contre vite humide en cas de pluie ou même de brouillard.

Pratique

Il est possible de faire quelques provisions à Lagnieu ou à Saint-Sorlin (à 3km). Attention aux enfants, la nationale n'est qu'à quelques mètres et les voitures roulent parfois assez vite...

Voies

Nous avons choisi de respecter les cotations indiquées sur la falaise (quand elles le sont), mais les voies sont apparemment sous-cotées. Les cotations sont donc ici plus que jamais indicatives !
De plus, certaines voies sont très mal équipées, nous avons choisi de ne pas les indiquer sur ce topo.

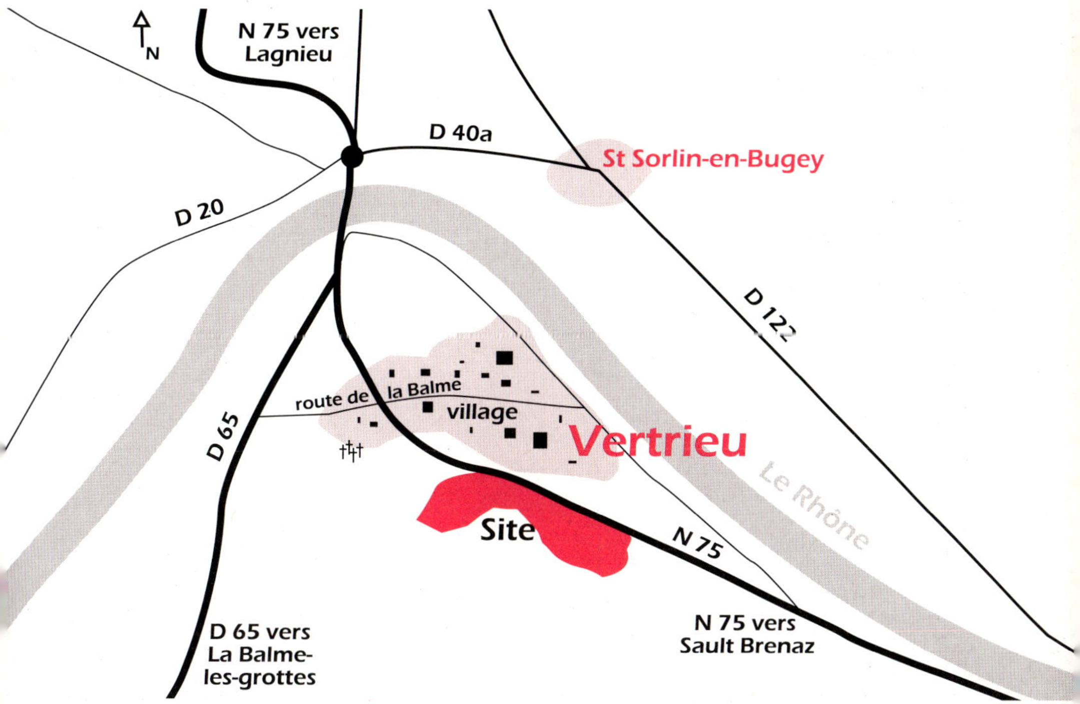

vertrieu (38)

secteur « 1.2.3 soleil »

Secteur 1.2.3 soleil

Secteur au bord de la nationale attention avec les enfants!!!

Il y a un projet de mettre une glissière pour protéger le site et de faire un accès au
par le secteur beauté caché (depuis le cimetière?).

Ces voies ont été rééquipées récemment.

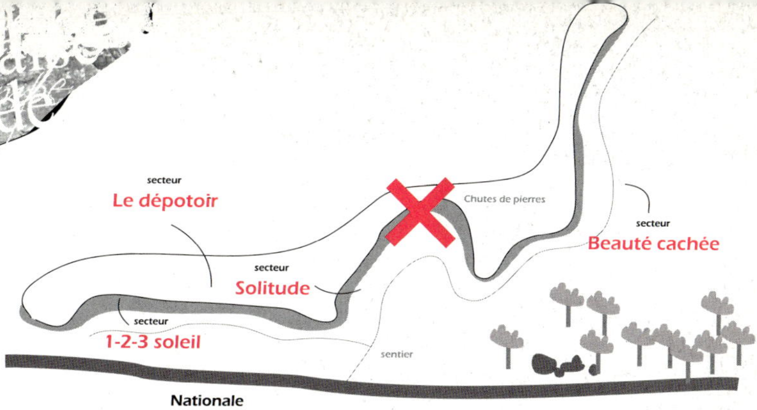

1 Café Crème **4a** 6 points

2 AAA **4b** 5 points

3 BBB : **4a** 7 points

4 Fille de novembre **4a** points vieux ! escalade en tête déconseillée

5 Rêve de blaireau **5b** 4 points

6 Fils de chute **6a** 7 points

7 1.2.3. Soleil : **6a** : 7 points

8 Tiré par les orteils **5b** 7 points

9 Mélancolia **5a** 6 points

10 Terre Minus **4a** 6 points

11 CCC **4c** 6 points

12 Jacob's Ladder **4a** 7 points

13 Maman j'ai peur **4a** 5 points

14 Abandon facile **6a** équipement très « léger » ... escalade en tête déconseillée (plaquette spéléo...)

15 Tais toi et grimpe **4c** 6 points

16 Autorisation de délirer **5c** 6 points, fin commune avec « tais toi et grimpe ».

17 Trets rutologue??? **4c** 6 points

18 La baise-...? **4c** 6 points

Entre 18 et 19 secteur «le dépotoir» non rééquipé (en 2007), à venir?

vertrieu (38)

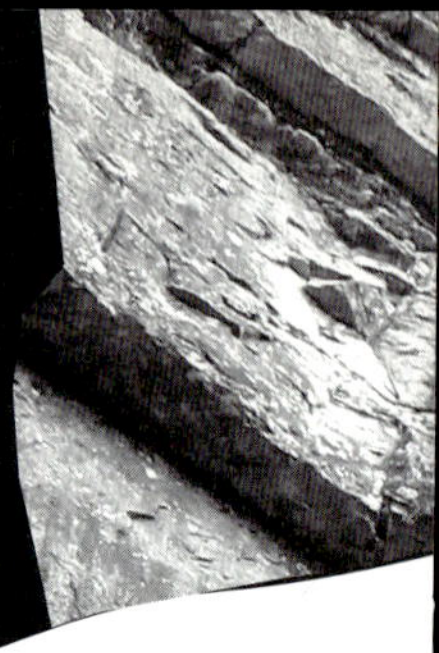

secteur « solitude »

Secteur au bord de la nationale attention avec les enfants!!!

Ces voies ont été rééquipées récemment.

19 **Concession à perpet'** **6a** 6 points

18 **Parcours énigmatique** **6b** 4 points

19 **DDD** **6b** 4 points, relais et dernier point commun avec parcours énigmatique

20 **Prévisions pour 2 mains** **5c** 6 points, dans la fissure.

21 **Bouton de fièvre** **5a** 5 points

22 **EEE :** **4b :** 5 points

23 **La corde au cou** **4b** 5 points

24 **Brigade des nurses** **5a** 9 points

25 **La mort aux trousses** **5c** 6 points

26 **La solitude du grimpeur de front** **5c** 8 points, tire sur la droite

27 **FFF** **6b+** 4 points, relais péteux : continuer sur le 5c au dessus

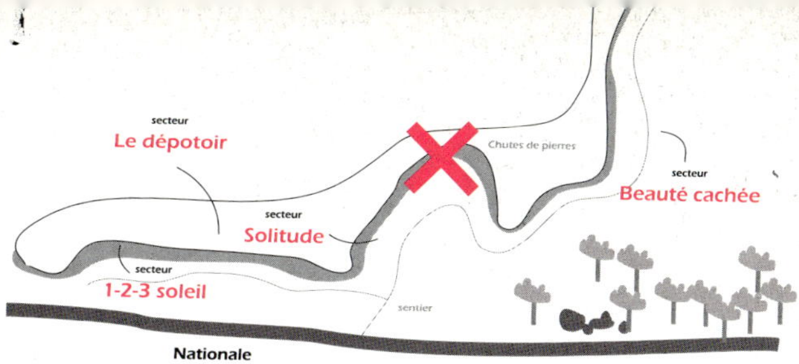

28 Range ton engin **6c** 7 points**
29 La jouissance **6c** 7 points***
30 Dans la nuit tous les bébés hurlent **5c** 6 points**
31 Transes non tolérées **5a** 8 points
32 L'agité du bocal **5c** 7 points
33 Duel de jour **5b** 7 points
34 Tchao Pantin **6a** 8 points
35 Repos sur la tendresse **7a** 7 points
36 Chaud devant **6c** 7 points
37 Big Boule **6b** 7 points***
38 Piège à con **6a** 4 points***
39 20 000 lieux sur les nerfs **6b** 6 points et relais vieux
40 Défense de p'ter, chute de pierres **5c+** 4 points, équipements ancien
41 Beauté cachée **6b** 4 points relais très vieux?
42 Bisou câlin **6a+** 3 points relais commun avec « beauté cachée »

33 34 35 36 37

→ un peu plus loin

38

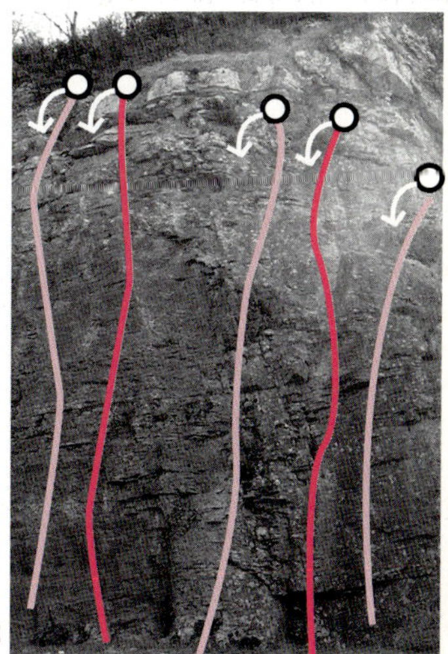

39 40 41 42

vertrieu (38)

secteur « beauté cachée »

Secteur «beauté cachée»

Secteur le plus intéréssant du site, à l'écart de la circulation, les voies y sont également plus longues, une vraie beauté cachée. Entre la voie 42 et la 43, il reste de la place pour des voies faciles.

43 **GGG** **4c** 8 points***

44 **HHH** **4c** 4 points traverse pour atteindre le relais

45 **III** **4c** 4 points, engagé!

46 **JJJ** **4c** 5 points dulfer ou pas? ***

47 **KKK** **4b** 4 points

48 **LLL** **5a** 6 points***

49 **MMM** **5c+** 7 points

50 **Vertrelant** **5c+** 7 points

51 **OOO** **5a** 7 points

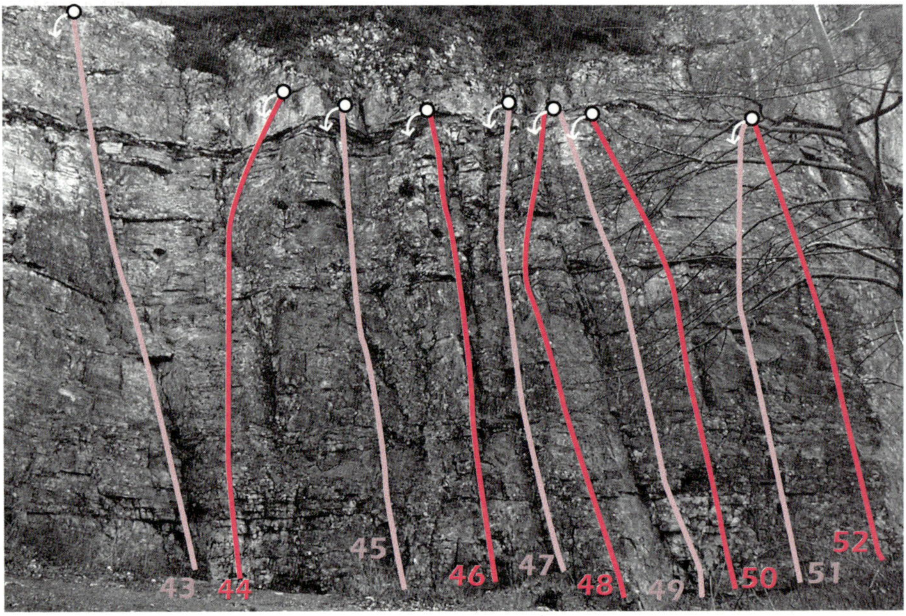

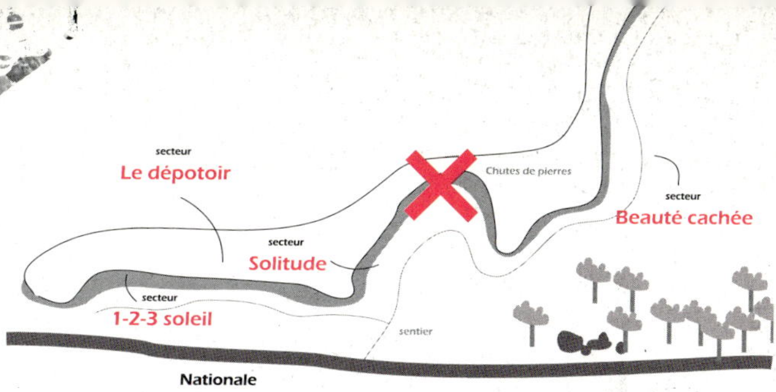

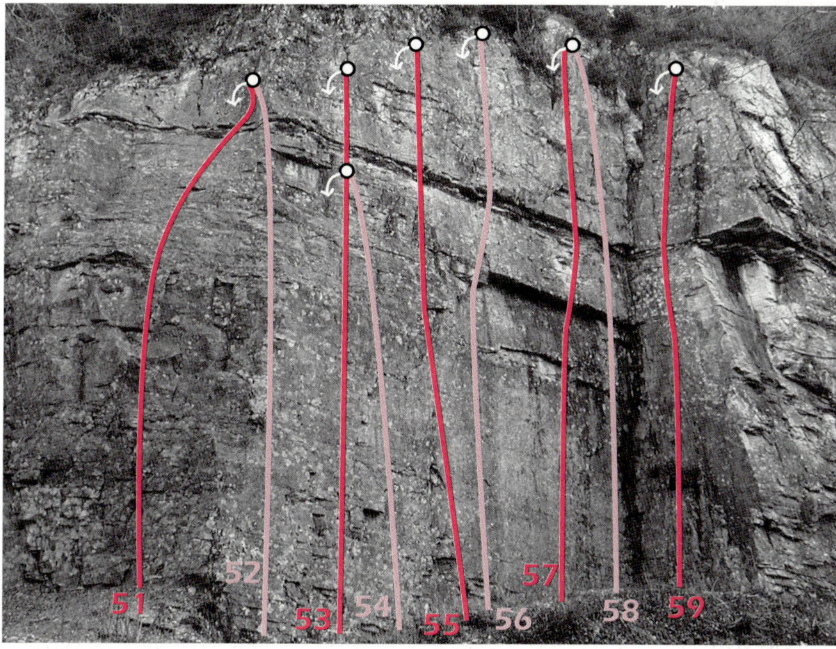

52 ALLEE JYVAI **4a** 5 points départ engagé***

53 QQQ **4c** 7 points **

54 RRR **6b** 6 points, un pas de bloc!*

55 SSS **6a** 10 points, voie magnifique! dur à vue.***

56 TTT **6b** 10 points

57 UUU **6c** 11 points ***

58 VVV **6a+** 8 points avec un très beau dièdre***

59 WW **6b/c** 8 points sur un pas**

On trouve sur la droite un secteur en cours d'équipement quelques voies de niveau élevé (7ème degré), certaines cotations sont néanmoins indiquées. Il reste en tout cas du potentiel pour quelques ouvertures... à suivre donc.

hières sur amby (38)

présentation + accès

+ de 50 voies ✯ de 3 à 7b ✯ Orientation : E & S ✯ de 10 à 80m
GPS N 45,79977222 E 5,304894444

Présentation

Equipée depuis le début des années 70, « la Ruine » est une ancienne carrière de calcaire, idéale pour les débutants et les groupes. Les grimpeurs plus confirmés trouveront aussi leur bonheur, avec de nombreuses voies dans le 6 et quelques 7, de toute façon, Hières sur Amby c'est un site atomique!

L'accès à la falaise de couennes est interdit de septembre à février sauf pour le secteur de la ruine qui reste accessible toute l'année.

Accès

A 10 km de Crémieux, à 30km à l'Est de Lyon.

Dans Hières-sur-Amby, prendre la direction d'Optevoz / Val d'Amby. Se garer à la sortie du village, place au monument, près des containers à verre. Pour « la Ruine », prendre le chemin en bordure de champs en direction des rochers. A partir de là, on peut rejoindre tous les secteurs.

Pour accéder au « Pilier de la Vierge », en partant du parking, prendre le chemin qui longe les champs, puis suivre le chemin qui monte vers « la Madone ». A droite, quitter le chemin pour rejoindre le Pilier par en dessous.

Type d'escalade & géologie

Rocher calcaire compact. Une soixantaine de voies équipées qui font entre 10 et 30 mètres, quelques voies de plusieurs longueurs (80m). Le rocher est de manière générale assez compact sauf dans les grandes voies où il est très délité, attention aux chutes de pierres venant du sommet.

Equipement & matos

L'équipement est très varié (broches, scellements, goujons...) mais toujours

correct (rééquipement récent).
Le port du casque est recommandé comme sur tout les sites. Une corde de 60 mètres et une douzaine de dégaines sont bienvenues, 45 mètres pour les grandes voies (cordes de rappel de 90m) qui sont classées terrain d'aventure.

Météo

Le site de couennes est orienté Sud et Sud-Est. . « Le Pilier » est orienté Ouest, ce qui le rend plus difficilement accessible en hiver. Altitude 220 m.

Pratique

A Hières-sur-Amby on trouve une boulangerie, un bar, un restaurant, sinon tous commerces à Crémieu. L'accès aux groupes est pratique sur ce site à la fois par l'espace disponible et par le niveau très varié des voies.

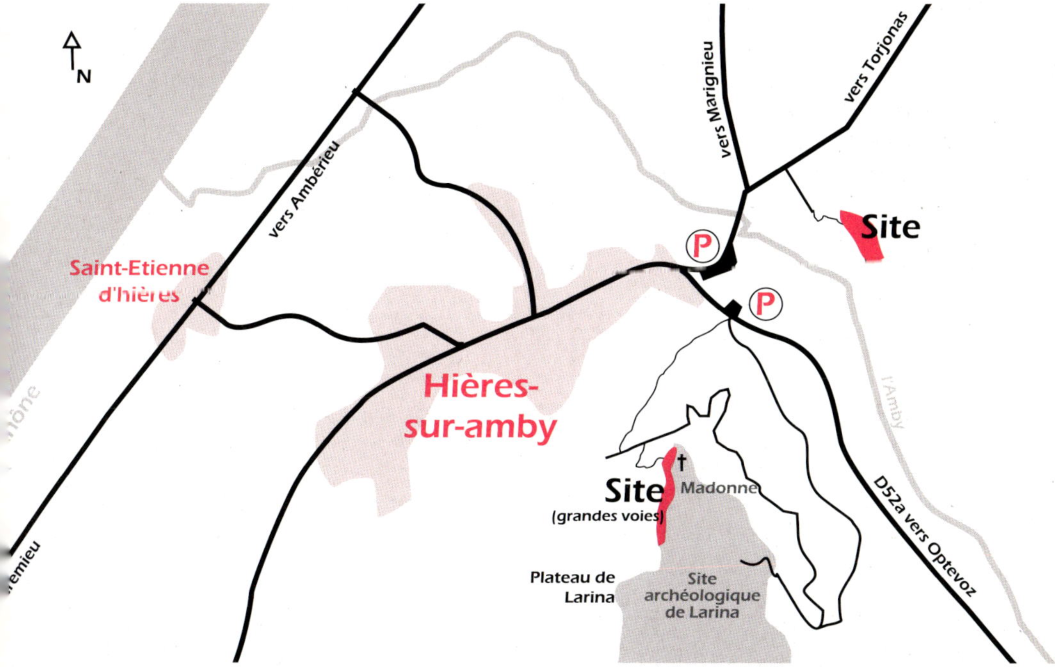

hières sur amby (38)

secteur la ruine et indiana

Secteur la ruine

1 Passager clandestin **4c**
2 Duchesse **5c**
3 Gorille dans la brume **4a**
4 Flammenvol **5c**
5 Gare au gorille **3** puis **5a**
6 Loin devant chaud derrière **6a/b**
7 Barbocue **6a/b**
8 King-Pong **6b**
9 Epilofesse **5a**
10 Taquaquoi **3b**
11 La tête dans les étoiles **4**
12 Xylophone **5c/6a**
13 Xylophone bis **5b** à gauch
14 Jour de fête **5b**
15 Alcapin **6a/b** ***
16 Crème des près **6b/c**
17 Les petits loups **6a**

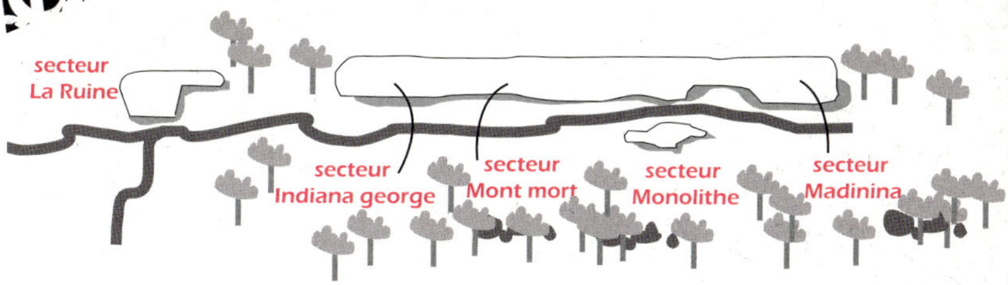

Secteur Indiana georges

18 Hasta la vista baby **6c** ***
19 Danse avec les clous **6c** ***
20 Indiana Georges **6a/b** dulfer **
21 Et on lui pèlera le jonc **6a/b**
22 Qui sème le vent récolte la... **6b**
23 Fred, ascendant balance **6c**
24 ????? **6a/b**

hières sur amby (38)

secteur mont mort

Secteur Mont mort

25 **????? ???**

26 **????? ???**

27 **J'me tape un doigt 6c/7a** bloc **

28 **Mort mont 6a** ***

29 **Syntaxe erreur 7a** bloc ***

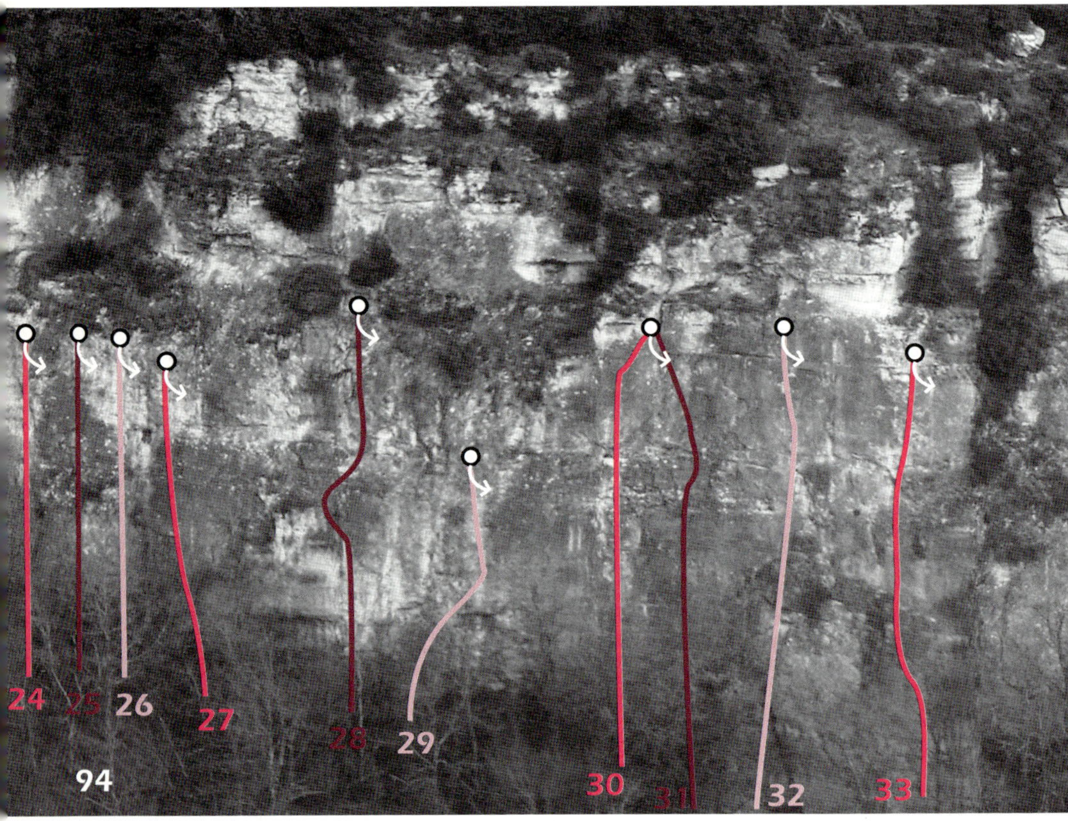

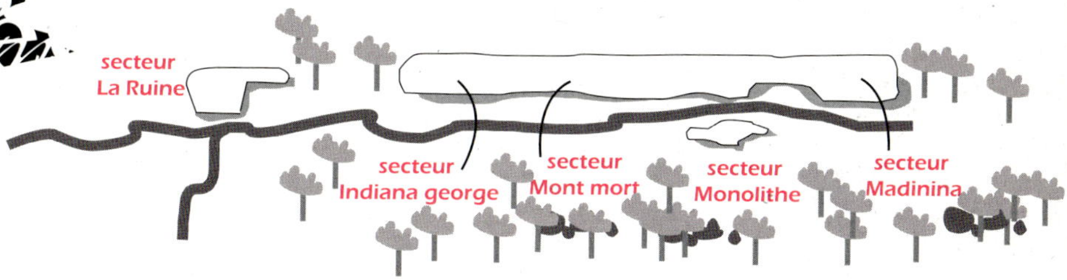

30 **9 semaine et 1/2** 6b ***
31 **Mont mort** 6a / 7c ***
32 **Individually tested** 7b bloc sur le début **
33 **Alice ça glisse** 7b

Secteur Monolithe Darkside

Comme son nom l'indique, la face à l'ombre du monolithe.

34 **Objectif nul** 6a/b
35 **Morpionibus** 6b/c
36 **Météor** 5c/6a

Secteur Monolithe

La face au soleil du monolithe (de la gauche vers la droite).

37 **Méthods technician** 6b/c
38 **Tequila rapido** 6b
39 **JPB** 6b/c
40 **Cachou** 6a

hières sur amby (38)

secteur madinina et supérieur

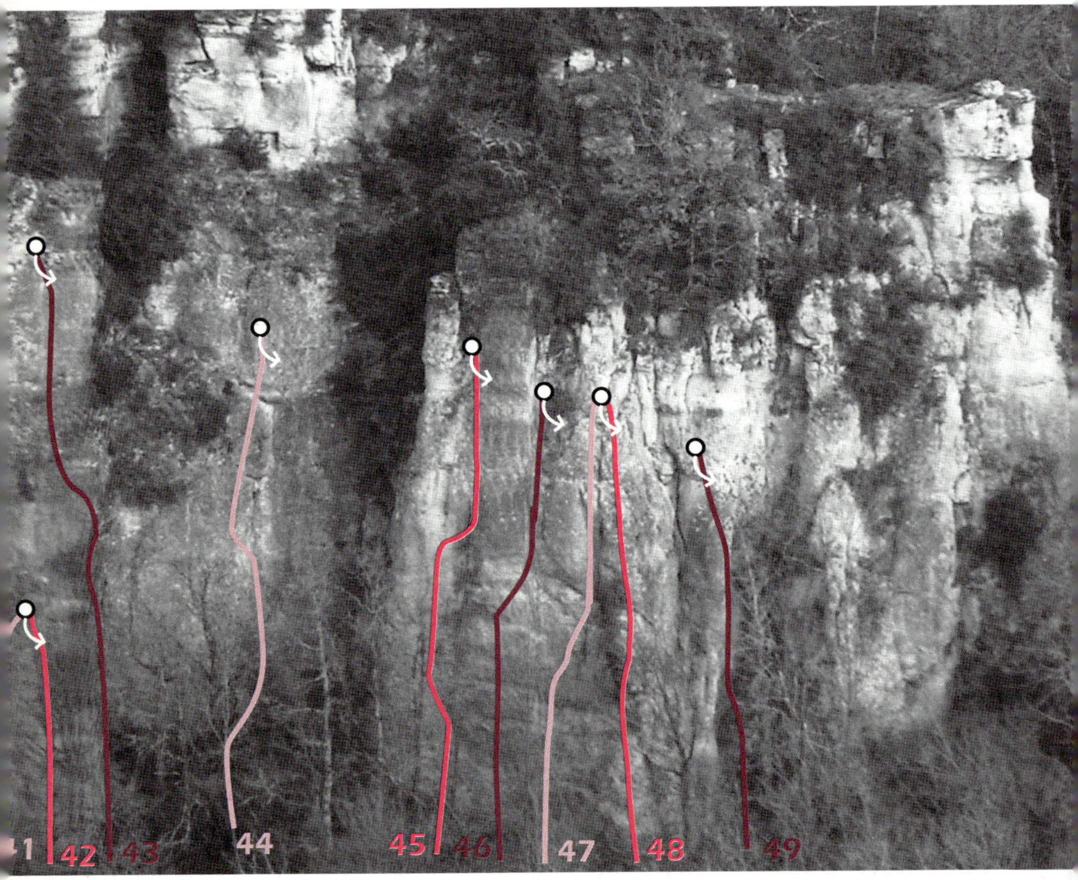

Secteur Madinina

41 Première **7a** bloc

42 Maxi foon **6c+** bloc **

43 Foozy les bras **6a/b** fissure ! ***

44 Crève coeur **6b/c** Dalle

45 Fantasme nocturne **6b/c** ***

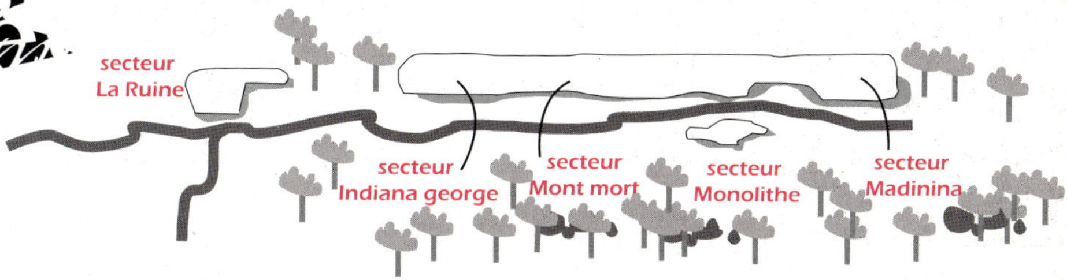

46 **Madinina** 7a ***
47 **High five** 6b/c **
48 **Vas-y Francky, c'est bon** 6b/c **
49 **Bonne bouse** 4c/5a

bien et les initiateurs, lors d'une formation initiateur escalade en 2002.

hières sur amby (38)

secteur pilier, grandes voies

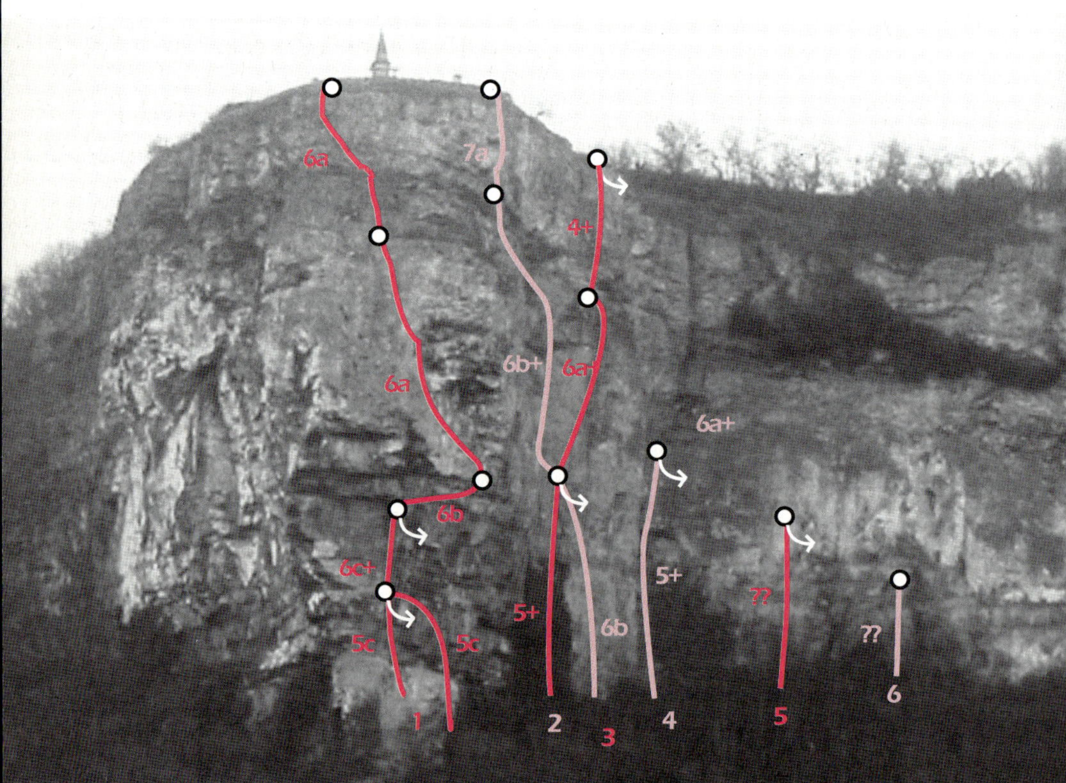

Secteur du pilier de la vierge, grandes voies (80m)

Attention aux chutes de pierres, rocher péteu, randonneurs sur le plateau.

1 **Les 3 saisons** **5+/6c+/6b/6 a/6a** voies ouverte en 1977-78 par C. Barroué, R. Autem et G. Loyrion si on en croit l'inscription... descente par la voie des celtes.

5 longueurs 80m, traverse à doite sous les surplombs/

2 La voie des celtes **5+/6a+/4+** 3 longueurs pour 65m part dans la fissure puis traverse à gauche.

3 Le lézard radioactif **6b/6b+/7a** 3 longueurs départ en fissure, 70m, descente par la voie des celtes.

4 Nom inconnu **5+** départ juste en dessous de l'arbre le reste est délité.

5 Nom inconnu n°2 **??** une voie d'une seule longeur?? sur plaquettes récentes...

6 Deux pitons **??** il y 2 pitons plantés un peu plus loin à gauche de la voie précédente qui osera s'y aventurer???

Lors du championnat de France espoir de difficulté à Lyon en 2005.

Jardin (38)

présentation + accès

30 voies ✩ de 4 à 7b ✩ Orientation : S & S/O ✩ de 10 à 30m
GPS N 45,50141944 E 4,903280556

Présentation

A 30km au Sud de Lyon, Jardin est un très beau site, très vert, assez varié et qui vaut le détour. On grimpe en plus dans un cadre « médiéval », juste en dessous de la tour de Montléans.

Accès

Proche de Vienne (38), en arrivant par la D167, se garer avant Jardin, sur la gauche. Le parking est situé à l'extérieur d'un virage et le chemin part directement du parking vers le fond de la gorge. De là, un sentier descend, traverse la rivière (jolie parcours en sous bois le long de la rivière) et mène au site en 3 minutes.

Type d'escalade & géologie

Des voies très variées (dalles, fissures, surplombs, dièdres...) sur un granit chargé en quartz, qui contenteront tous les grimpeurs, du débutant au confirmé. La longueur des voies est variable, de 10 à 30 mètres.

Equipement & matos

Tous les relais sont constitués de deux points reliés par une chaîne, et les voies sont équipées en broches, avec parfois quelques goujons inox. Le site est dans l'ensemble bien équipé et entretenu grâce au club local, le CVHM et la participation de HotRoc en matériel. Certains noms de voies sont inscrits au départ, pratique pour se repérer.
Une corde de 60 mètres est nécessaire pour partir dans les voies les plus longues. Dix dégaines sont suffisantes.
La falaise est située juste en dessous d'une tour fortifiée moyenâgeuse, des

chutes de pierres ne sont pas inenvisageables. Le port du casque est donc conseillé.

Météo

Le site est orienté Sud Sud/Ouest, mais est très vite humide, pour ne pas dire trempé. Il est déconseillé de s'aventurer sur la falaise après la pluie, ou même par temps de brouillard. Le site est également très mousseux, mais le CVHM s'occupe régulièrement de son entretien, merci à eux!

Pratique

Vienne est une grande ville, à visiter (festival de jazz, ruines romaines...), ou il est possible de se ravitailler, de dormir...

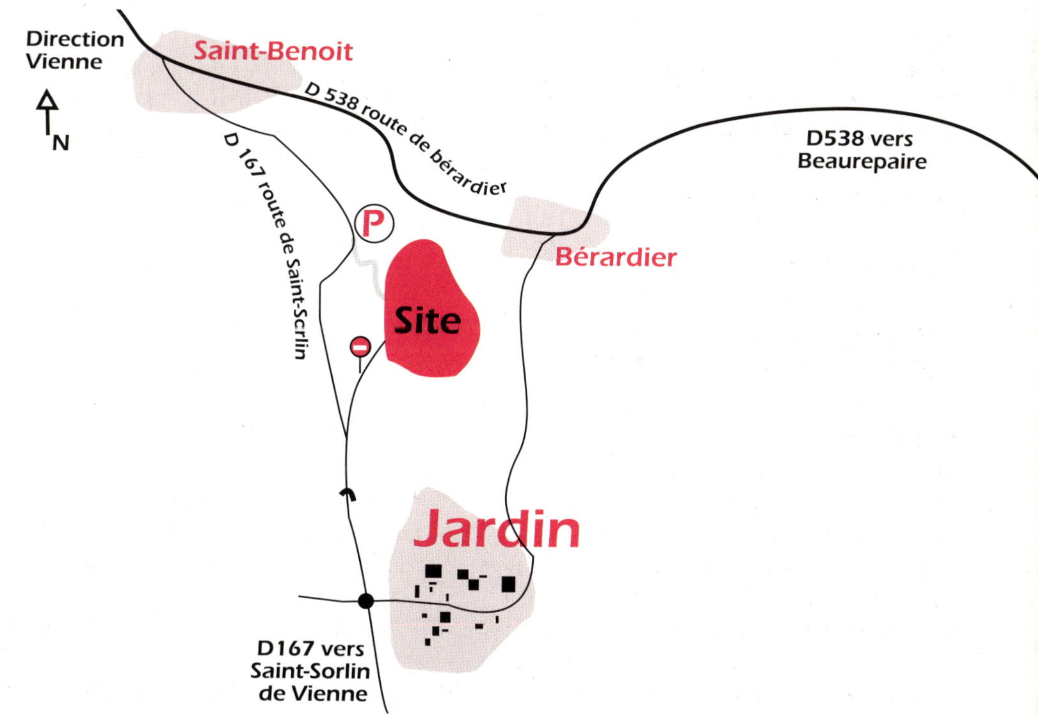

Jardin (38)

secteur « les dalles »

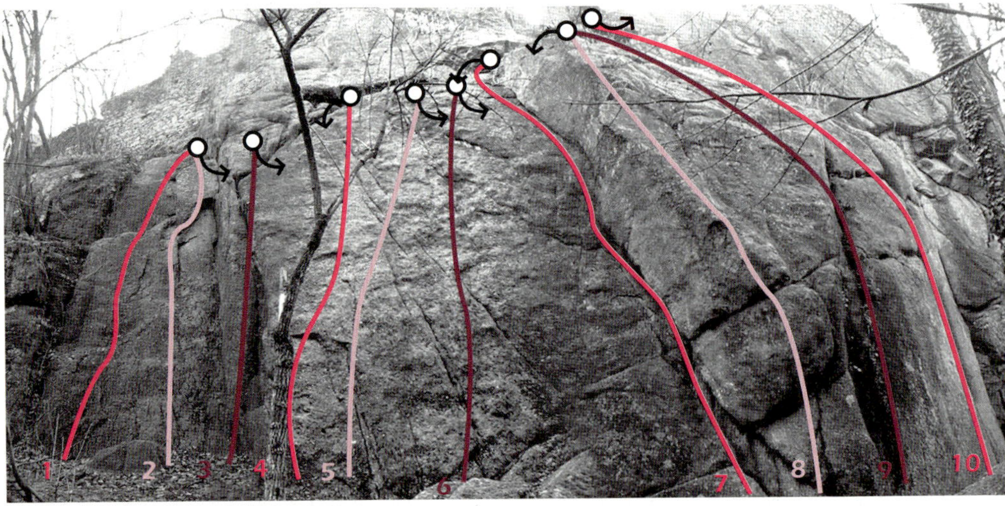

1 **Nikita** 4c 5 points
2 **Le Minimum** 4c 4 points, relais commun avec 1, mousse
3 **Dernière mousse** 5c suit la fissure, mousse
4 **Septième ciel** 6c+ 5 points, faille interdite
5 **Adrenaloïde** 5c 5 points
6 **Tentation** 6b 4 points (faille interdite), relais commun avec 4
7 **Force tranquille** 6a+ 3 points (sans le dièdre) fin un peu exposée
7′ **Force tranquille** 5a 3 points (avec le dièdre)**
8 **Pilier** 6a 3 points***
9 **Tournicati** 6b 3 points, relais commun avec 7
10 **Vice Versa** 6b+ 4 points, très belle fissure***
11 **Cap'taine Crochet** 7b 3 points
12 **Univers du rêve** 6c 4 points (part sur la droite)***
13 **La Chamoniarde** 5b 6 points, possibilité de faire 2 longueurs
14 **Nancy** 6a 7 points, départ dur 7b. Possibilité de commencer sur la 1

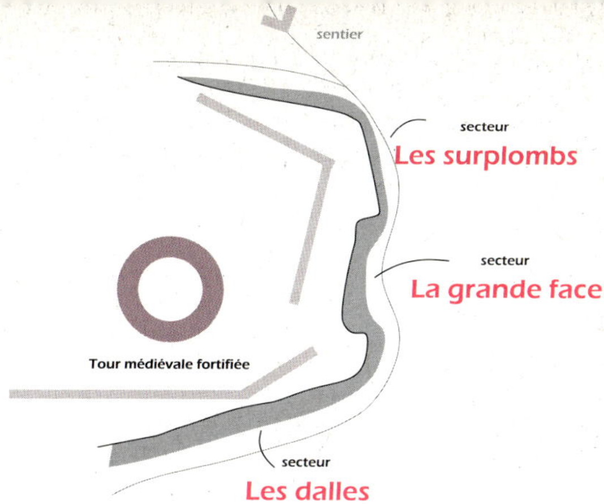

15 L'écart **6a+** 7points**
16 La poire **6a** 5 points
17 Voie sans retour **7b+** 6 points
18 L'art du vol **5c/6a** 7 points plusieures variantes pour le passage du toit
19 Gratton vengeur **7a** 7 points
20 Hard Rock **6a** 6 points***
21 L'étoile **6c** 5 points, magnifique!!***
22 Génération **6c à 7b** 9 points (nombreuses variantes)
23 Le Grand Toit **7a** 8 points (nombreuses variantes)
24 La Traversée **6c** 8 points (nombreuses variantes)

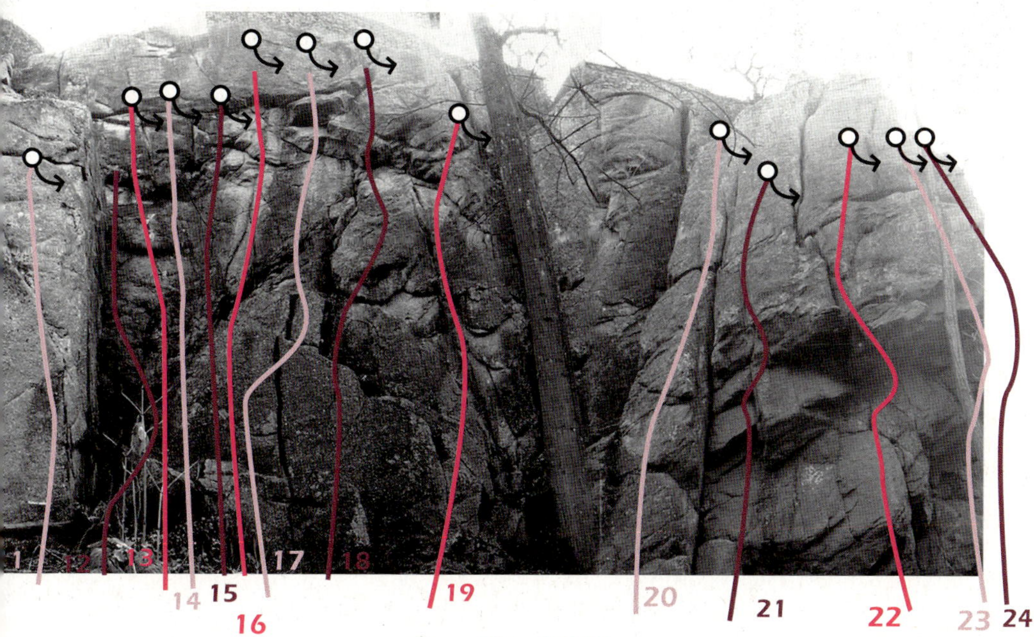

Jardin (38)

secteur « les surplombs »

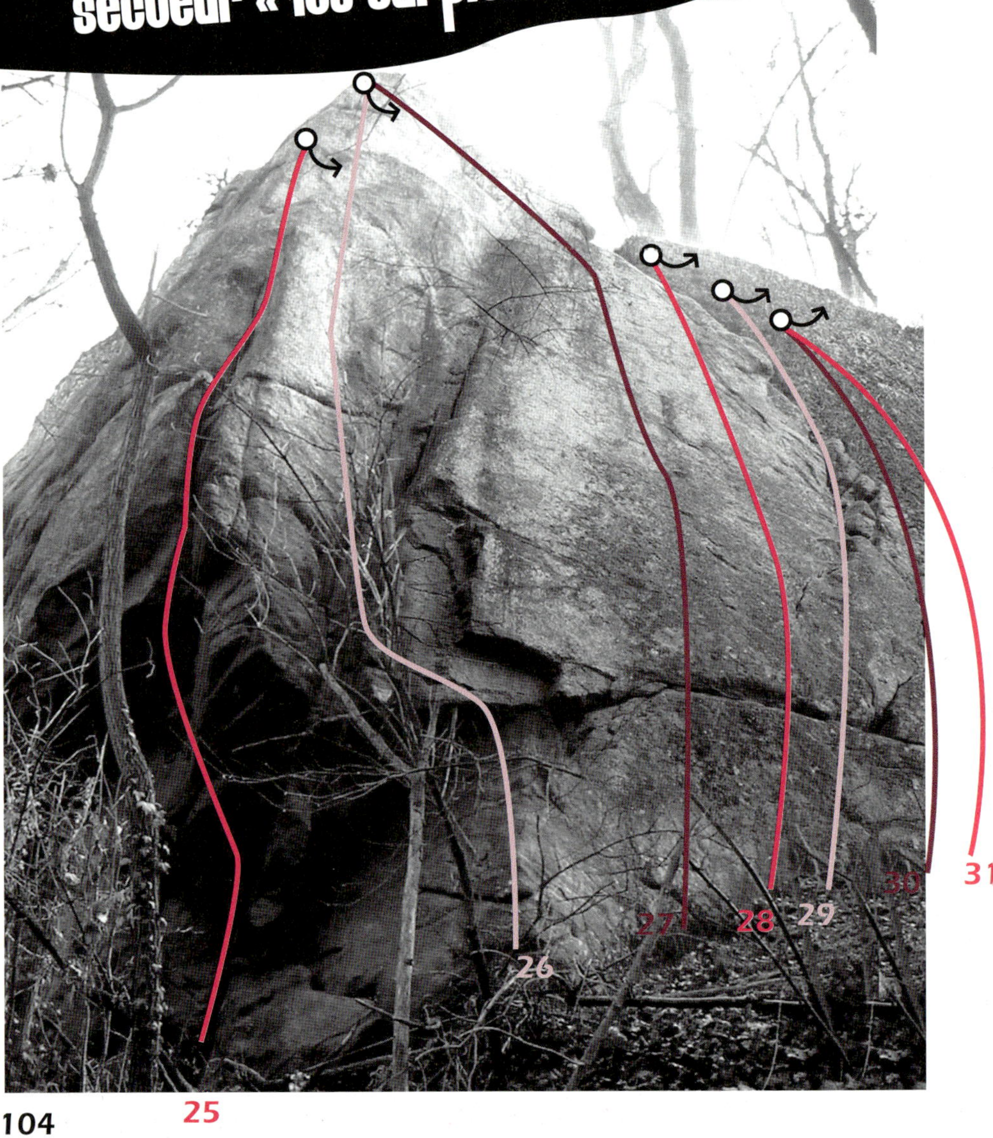

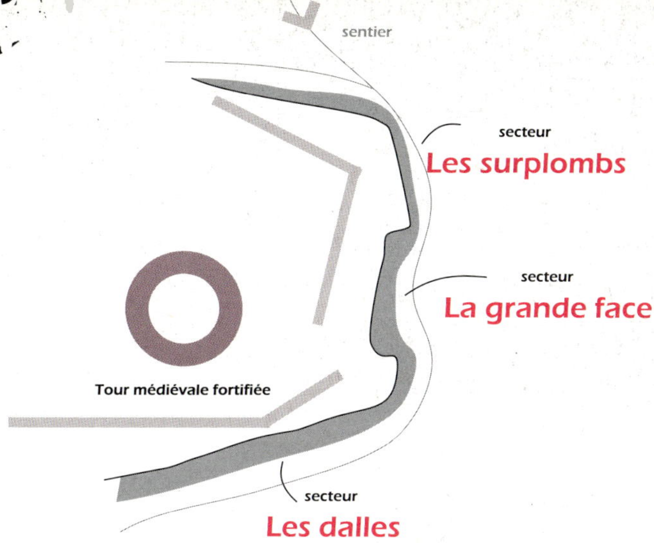

Secteur les surplombs

25 **Volé et Abusé** **6c+** 6 points (un peu exposé)***

26 **La traditionnelle** **6a/b** 8 points la plus belle voie du site!! 2 départs existent : direct dans le surplomb en 6b et par la droite, la cotation est alors 6a***

27 **La grande Dalle** **7c** 5 points, comme son nom l'indique...**

28 **Panic** **6a** 4 points, un peu exposé au début

29' **Panic** **6b+** 4 points, variante sans l'arrête***

30 **Triangle** **5b** 4 points**

31 **Débrouille** **5a** 2 points

Pour les voies 21, 22, 23, 24, 25 et 26, il n'y a que deux relais.

saut du gier (42)

présentation + accès

2 grandes voies ✩ de 5 à 6b ✩ Orientation : S/O ✩ 120m

Présentation

Les grandes voies du Saut du Gier se trouvent au cœur du massif du Pilat, à 60km au Sud Ouest de Lyon. L'environnement est exceptionnel, les voies sont à quelques pas d'une cascade, qui gèle l'hiver (de décembre à février suivant les années...), et le site se prête particulièrement bien à l'initiation à la grande voie montagne.

Accès

Par la A47, sortie Saint Chamond centre, direction Valla en Gier « Parc Naturel du Pilat » (D2), juste avant le barrage prendre à gauche au rond point, continuer tout droit la D76 direction Doizieux, Saut du Gier. Au premier virage en épingle, continuer tout droit direction la Scie du Bost et Saut du Gier. Le parking est au bout de la route.
Prendre ensuite le chemin du Saut du Gier (balisé), après 30 minutes de marche, on trouve une cascade. Juste en dessous, traverser la rivière (le Gier) en direction des grands rochers visibles sur la gauche. Les voies partent du sentier, dans le pierrier appelé «chirat».

Type d'escalade & géologie

Grandes voies, sur un rocher en granit, parfois un peu instable. Deux grandes voies, qu'on peut « mixer » à volonté. La première «le pilier du gier» en 5b/5c Max, 10 longueurs, la deuxième un peu plus dure en 6b Max, 9 longueurs (les dernières sont communes).

Equipement & matos

Le site a été recement rééquipé en broches et plaquettes. Un rappel d'un minimum de 45 mètres est nécessaire. Le rappel se fait en deux fois (Relais 6 et Relais 3) et est commun aux deux voies. Le casque est plus que jamais conseillé !

Météo
Les voies sont orientées Sud.

Pratique
Un petit détour par Saint-Chamond s'impose pour se ravitailler.

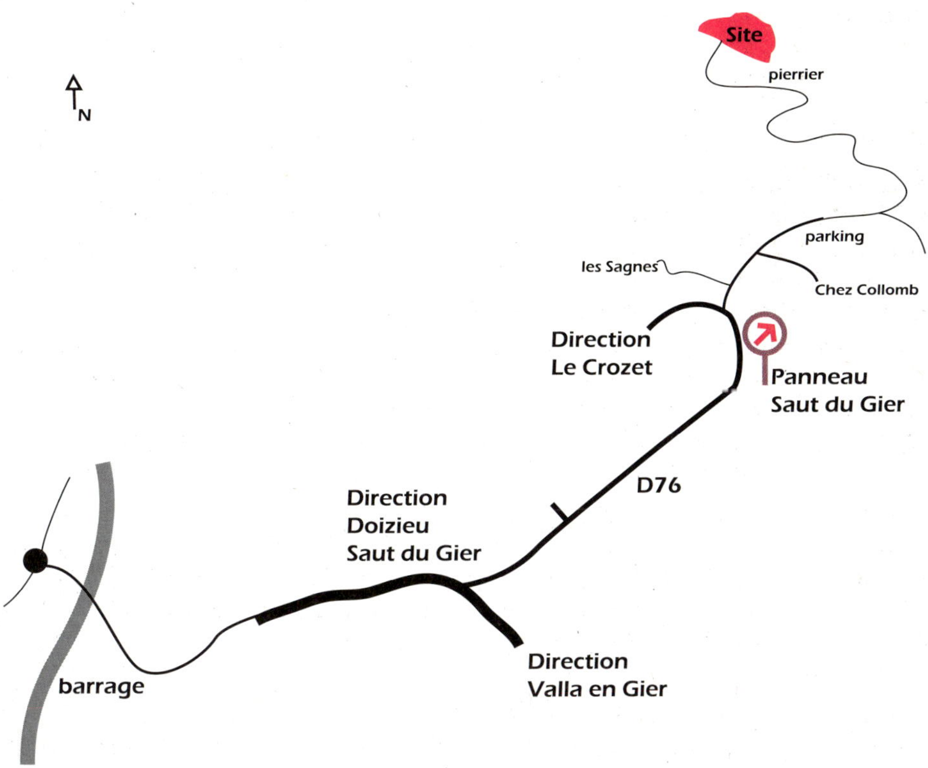

saut du gier (42)

grandes voies

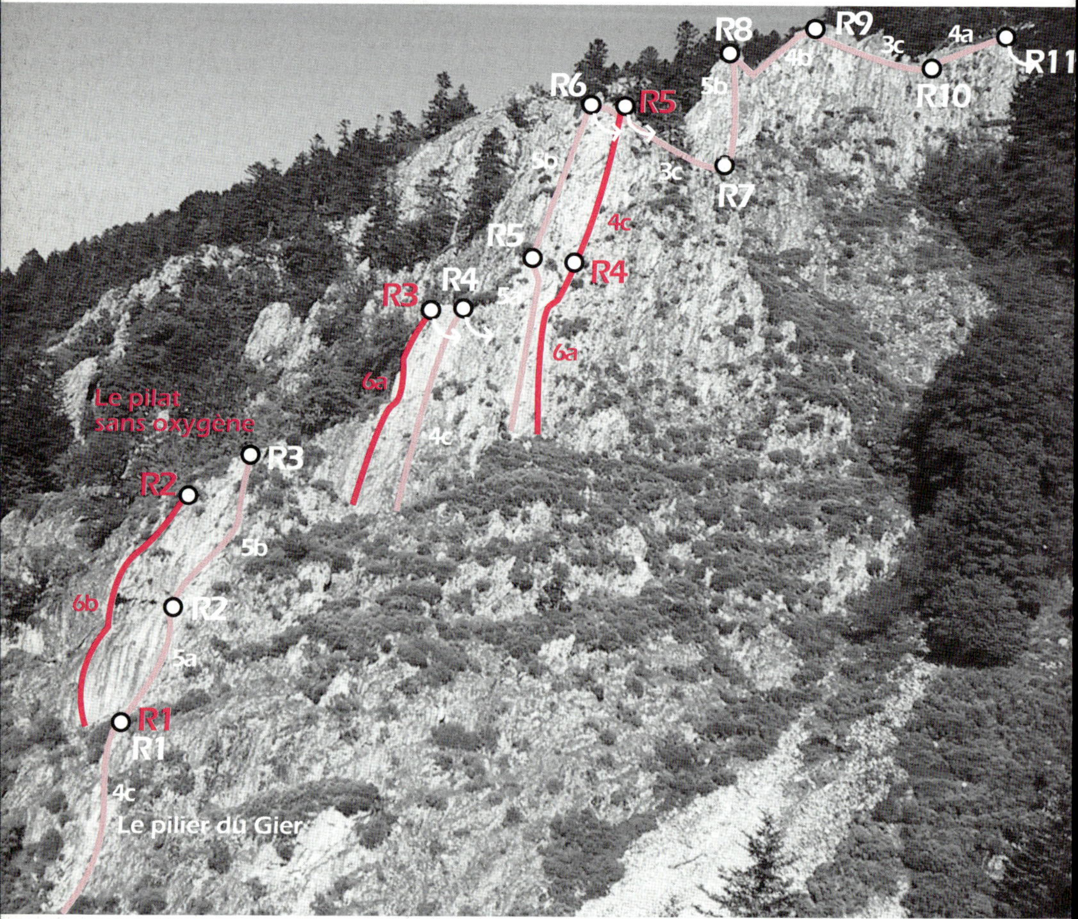

La première longueur est commune aux deux voies (mais il est possible de la contourner par la gauche...). Dès R7 la voie devient plutôt une course d'arêtes.

uillaume lors d'un stage de l'équipe du Rhône d'alpinisme.

Valfleury (42)
présentation + accès

14 voies ☆ de 3 à 6a ☆ Orientation : S & E ☆ de 10 à 30m

Présentation
Tout petit site d'escalade sur les hauteurs de Valfleury. Rocher assez étonnant. Site initiation pour la découverte.
Une aire de pique-nique et de jeux pour enfants viennent compléter ce site étonnant.

Accès
A 12 Km au Nord Est de St Etienne. De l'A47 sortir à Grand Croix, puis direction Valfleury. En Haut du village, en direction du col de la Gachet prendre la route de la roseraie, la D2 en direction St Chamond. Le site est sur la droite en prenant le chemin de la chaise de la vierge. Se garer sur la D2, petit parking.

Type d'escalade & géologie
Conglomérat, sombre.

Equipement & matos
Broches scellées, maladroitement peintes en blanc, peut-être pour mieux les voir ?? Hauteur des voies 5 à 6 mètres.

Pratique
Commerces au village de Valfleury.

Voies
14 voies ont été équipées de difficultés variées du 3c au 6a

1 Ventre à terre
2 Le petit caillon
3 Proie blanche
4 Le poux dingue
5 L'arbre qui gachait la forêt
6 Sans cristaux
7 Valjoli
8 Ca glisse au pays des girelles
9 Sous les galets la plage
10 Grimper quel calvaire !
11 Joe Dalton
12 Jack
13 William
14 Averell

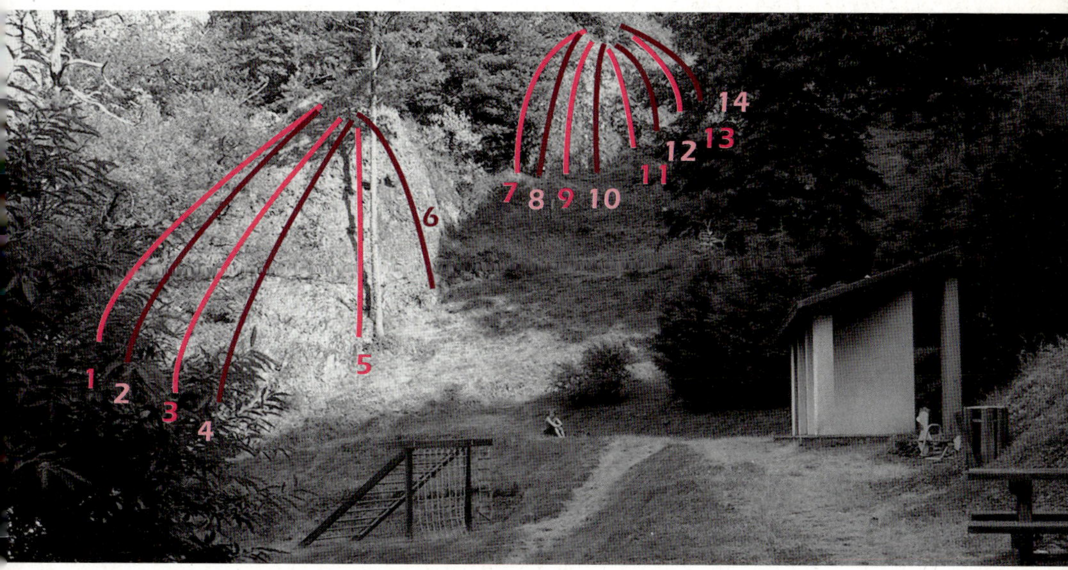

St Romain en Gal (69)

C'est l'histoire d'une falaise à proximité de Lyon, sur la commune de St Romain en Gal, qui peut amener l'ensemble de la communauté des grimpeurs à s'interroger sur sa pratique et sur sa façon de s'organiser.

Cette falaise située en face de Vienne, ne recèle pas un potentiel formidable, mais le rocher est sain (granit), la hauteur respectable et la vue sur la vallée du Rhône assez majestueuse. Seule ombre au tableau elle domine l'autoroute A7 et le bruit des véhicules est perceptible. A l'origine c'est le club de Vienne qui a équipé les voies et sa fréquentation était honorable notamment les soirs, aux beaux jours.

Le terrain appartient à un propriétaire privé et plusieurs tentatives ont été menées pour aboutir à une convention d'utilisation. Les derniers contacts entre la FFME et le propriétaire remontent au printemps 2005 avec l'appui de la municipalité mais n'ont finalement pas abouti.

Sur fond de conflit de propriétés et sous le prétexte que le passage de grimpeurs, marcheurs,...,dérangeaient ou endommageaient la parcelle, le propriétaire a décidé de fermer la falaise et a commandité un guide pour faire sauter les premiers points d'assurage ! ! !

Morale de cette histoire

Même si notre beau sport, l'escalade se voudrait le plus libre possible, il est aujourd'hui plus que nécessaire qu'une fédération (avec des licenciés) puisse signer des conventions d'utilisation pour préserver la possibilité de grimper sur ces falaises.

Il ne sera également jamais assez répété que l'avenir de nos sites de pratique dépend beaucoup du respect, du civisme des grimpeurs :
En ne se garant pas n'importe où. En respectant les cultures, les clôtures, les chemins d'accès, en laissant les sites aussi propres que possible, en limitant le bruit,..., mais vous connaissez déjà tous ces conseils, ces consignes et nous comptons sur vous, sur votre exemplarité.

Marine Thevenet championne de France de difficulté en minime, de bloc en cadette...

Topo historique

En 1994, suite à l'équipement de quelques sites dans le Rhône, une bande de copains dont Serge Scarlatti, avec à la tête Gilles Tahon (parti maintenant dans la Haute Loire) décident de se lancer dans l'aventure de la création d'un topo. Cette première édition sera éditée par l'association « Laragne » (MJC de Mornant) à 500 exemplaires, très vite épuisée et ce contre toute attente. En 1995 nouvelle édition avec un tirage de 1500 exemplaires avec la collaboration de Gilles Mazard, Patrick Thuderoz, JF. Faure, Guérin, Lamy... Puis la FFME s'investit avec Laragne pour co-éditer en 1998 la 3ème édition tirée à 3 000 exemplaires mais la présentation et les dessins restent les mêmes.

Vers 2002, 2003 le topo est épuisé et en 2004 une réflexion est lancée pour créer une édition complètement nouvelle à base de photos. Dans la même période, les falaises du Rhône bougent. De nombreux secteurs de blocs sont mis à jour à Yzeron, la falaise de Riverie est ré-ouverte après transformation, des rééquipements ont lieu dans d'autres sites. Le comité départemental est en plein développement passant de 2000 licenciés en 2001 à près de 3000 en 2006. Une charte graphique est développée que l'on va retrouver dans le futur topo. Faute de bras, toujours bousculé par d'autres priorités ce vaste chantier qu'est l'édition d'un nouveau topo ne va vraiment démarrer qu'en 2006 pour aboutir au printemps 2007.

Artif, lors d'un stage moniteur grandes voies au Verdon, Fafa à Fontainebleau et les espagnols lors de la fête de la montagne à Yzeron.

les sites en présentation

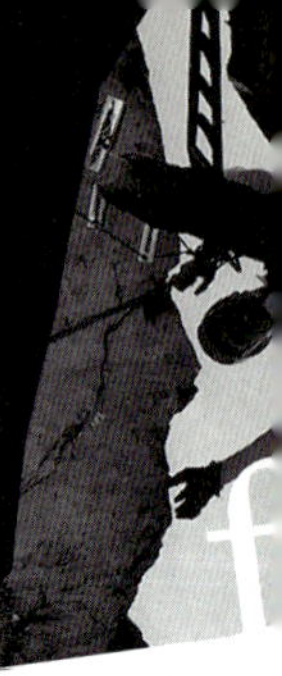

Les sites en présentation

Quoi ?

Dans les pages suivantes vous trouverez des sites naturels d'escalade en présentation. Ces sites sont situés hors du département du Rhône et sont pour la plupart répertoriés dans les topos des comités départementaux voisins.

En accord avec ces comités départementaux, voici quelques sites, les plus proches de Lyon, en présentation. L'accès aux sites est décrit, plus une partie des voies que vous trouverez sur place. Pour les croquis des voies et le reste des informations nous vous invitons à vous reporter aux topos existants.

Où trouver ces topo ?? Dans tous les bons magasins d'escalade bien-sur, mais aussi à la boutique ffme : www.ffme.fr rubrique la boutique, ou sur les sites internet des comités départementaux concernés.

Sites de l'Ain (01)

Parves, ce site récent est décrit intégralement dans le topo des sites du Bugey «Roc in Bugey» du club Lyonnais Hotroc version 2002, la prochaine mise à jour est prévue pour 2009 mais les correctifs sont disponibles en téléchargement sur http://hotroc.free.fr

Sites de l'Ardèche (07)

Villevocance et Vernosc sont présentés dans les pages suivantes. Vous pouvez les retrouver intégralement ainsi que les nombreux sites d'escalade d'Ardêchois dans le nouveau topo «l'escalade en Ardèche» qui est disponible depuis 2006. En effet après 6 ans de bons et loyaux services, la version de 1999 a subi une salutaire cure de jouvence.

Plus complet (72 pages de plus), la nouvelle mouture s'articule autour de 3 chapitres (sites sportifs, sites de blocs, grandes voies). Achat en ligne et points de vente sur http://cdffme07.free.fr .

Sites de l'Isère (38)

Hières sur Amby, Jardin, Vertrieu, sont décrits intégralement dans les pages précédente de cet ouvrage, vous les trouverez aussi dans le topo «Grimper en Isère» édité par Promogrimpe, et aussi dans le futur topo d'escalade en Isère édité par le comité départemental 38 FFME.

Sites de la Loire (42)

Le saut du gier, Valfleury, sont décrits intégralement dans les pages précédentes de cet ouvrage, vous les trouverez aussi dans le futur topo de la Loire édité par le comité départemental Loire FFME.
Doizieux, Roche corbière, Saint Symphorien de Lay et la via ferrata de Planfoy ces sites seront présentés dans les futurs topos des sites d'escalade de la Loire (à suivre) pour toutes informations consultez le site internet du CD 42 FFME.
En attendant voici les principales indications dans les pages suivantes.

Site de Saône et Loire (71)

Rémigny, Vergisson, ces sites sont décrits intégralement dans un additif au topo des sites d'escalade de Saône et Loire édité par le comité départemental Saône et Loire FFME. Il existe également un topo complet sur les sites d'escalade de Saône et Loire.

remigny (71)

présentation + accès

+ de 50 voies ✩ de 4c à 8a ✩ Orientation : S ✩ de 20 à 25m

Présentation

Ce site est géré par le comité départemental ffme 71, qui a mis près de 25 années à en négocier l'accès, ouvert depuis 2002. Ne venez pas tout gacher et respectez les interdictions. Deux imposants secteurs de dévers à trous, plus de la dalle !

Accès

Situé dans le nord de la Saône et Loire, le village de Remigny est à 3km au sud de Chagny dans le vallon de la Dheune. Depuis la «péniche» sédentarisée le long du canal, prendre la première route à droite, suivre la piste empruntant le «sens interdit», la falaise est à 100m à vue.
Merci de se garer sur le parking du haut.

! Interdiction !

Le site est fermé pendant la periode de chasse soit du 10 Septembre au 1 Mars de chaque année.
Emportez vos ordures, effacez les traces de votre passage en cas de «besoins urgents»,

Pour Acquérir les topos (plus détaillé)

Il existe un topo complet des sites naturels de Saône et Loire dans lequel le site de Remigny ne figure pas encore.
Il existe aussi un topo détaillé du site de Remigny avec croquis, description plus précise....

Quelques bonnes adresses

- CD FFME 71, moulin des ponts, 71150 Demigny
- Mairie de Remigny 03 85 87 08 81
- Office de tourisme du Pays de Chagny : 03 85 87 25 95

Les secteurs sont décrits de gauche à droite.

Secteur Soleil

Secteur situé 400m après le secteur principal.

Que dalle **5c**
Pise aller **5a**
Pise retour **5b**
Jardins des elfes **6b**
Migration **5c**
Cure de mouvance **5b**
Je de loi **5c**
Zizi du lézard **5c+**
Temps d'un rêve **5b**
Crackers **4a**
Royal calin **5b**
Ou maux ou mots **5c**
Flagrants délices **6a**
Coeur de pierre **5c**
Vae soli **6b**
Souvenir d'enfance **5a**

Les grimpeurs de Saône et Loire en action à Yzeron

remigny (71)

Secteur grand dévers «Reggae Wall»

Carpe diem 7a+
Igzull Wass 6b+
Temps du tendu 6c+
Ti punch 6b+
Raggae night 7b+
Vent en leve 7c
Rock'n blues 7a+
All you need is love 7b+
Pas de bras, pas de chocolat 8a
Chine pakistan 7b+
Around the rock 5c+
Around the rock départ à gauche 6b+ départ à droite 6a

Secteur «Grand mur»

MM forever 5b
Trou You 5a
Limace 5a
Petit pilier 4c
Voie des buis 5a
Les buisbis 5a
Lais 4c
Relais 4c
Ecrin total 6a
Collège au giob 5b
Bien cool 5a

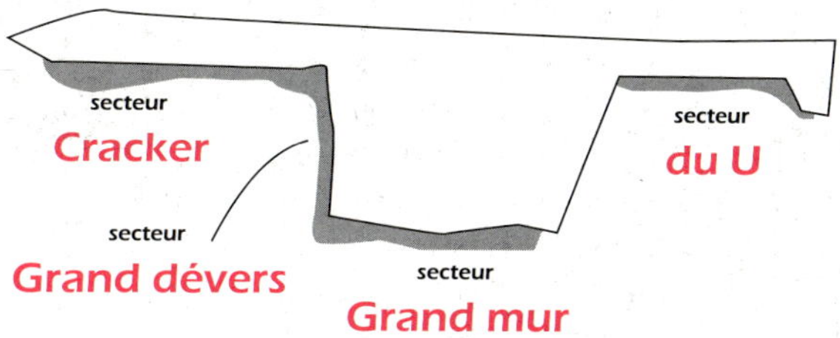

Secteur du «U»

Fais-toi du mouron **5b**
Dans la gueule de l'ocre **5c+**
Coup d'oeuil **6b**
L'U luberlu **6b**
Deb'U **4c**
Fond'U **4c**
Hell haut de l'U **4c**
Dérive des incontinents **6a** (6a+ sans le mur de gauche)
Dans la peau d'une banane **6c+**
Costaud l'U l'U **6c+**
Homo erectus tres habilis **6b+**
Charlott'stone **7a+**
Foire aux vanités **6c**
L'U si fier **6c**

vergisson (71)

présentation + accès

62 voies ✩ de 4c à 8a ✩ Orientation : S-SO ✩ de 25 à 30m

Présentation

Bien que d'envergure modeste et plus connu des amateurs de vin et des admirateurs de Francois Mittérand, la roche de Vergisson fait partie, avec la falaise de Rémigny, des deux plus intéressants sites d'escalade de Saône et Loire. L'équipement de nouvelles voies et le rééquipement d'anciennes voies d'artif en 2004 et 2005, le rende désormais plus attractif pour les grimpeurs de la région évoluant dans le 6 et le 7.

Vous trouverez ici les secteurs du «grand mur» et «dévers» qui comportent une quinzaine de nouvelles voies ouvertes entre 2004 et 2006, les autres voies du sites sont décrites dans le topo des sites de Saône et Loire (renseignement auprès du comité 71 ffme).

Merci à Hervé DELACOUR pour ses infos et au cd ffme 71.

Accès

A 12 km à l'ouest de Mâcon, 2 km au nord de Solutré, domine le village de Vergisson.

Mâcon, direction Cluny, puis Solutré-Vergisson, direction Davayé puis Vergisson (20 mn en voiture depuis Mâcon). Une fois au village de Vergisson la roche est bien visible et l'accès évident. Quitter la D177 en direction de Pierreclos et prendre une route montant vers l'est sous la falaise jusqu'à un parking, approche en 10 minutes.

Type d'escalade & géologie

Rocher calcaire fragile sur le bas.

Les autres secteurs non décrits dans cet ouvrage sont aussi très intéréssants, secteur du puit, secteur de 12 au Capes...

Equipement & matos

Attention bien que les nouvelles voies aient été purgées et nettoyées, la qualité initiale du rocher fait que vous n'êtes pas à l'abris de casser des prises, surtout dans les premières parties pensez donc à parer le grimpeur avant le premier point et a décaler ensuite l'assureur sur le coté pour éviter les chutes de pierres.

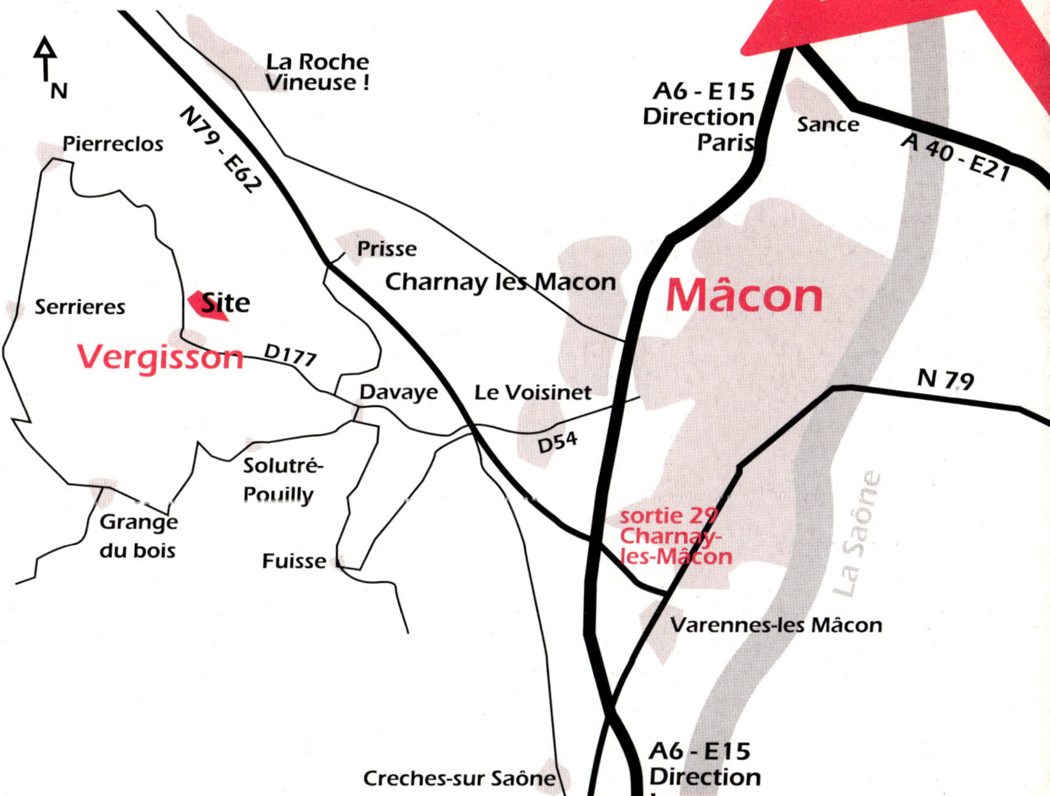

vergisson (71)

Secteur grand mur

Par sécurité pensez à décaler l'assureur de la ligne d'ascension.

de la gauche vers la droite...

1 **Bouffeur de caillasses 7a/b** Jean FONTAINE pour l'ancien équipement artif,Hervé DELACOUR pour la nouvelle version (2004) 4 sections entrecoupées par des repos, belle envolée de 30m, la difficulté est avant tout liée à la lecture.

2 **La Lugozie 6b ?** Une classique, belle fissure (en sautant un point au bon endroit et en utilisant une rallonge, la voie se fait en une longueur). ***

3 **Les Marseillais 7a** Didier PITELLI Une belle classique, escalade technique, pas de bloc au final. **

4 **Bourinez c'est ma tournée 7c+** François BONNEVIALLE Court et intense, mouvements d'amplitude sur petites prises. **

5 **Hommage à la polo 7a** Eric BRUNEL jolie 1ère partie mais final éliminant *

6 **Sidi Brahim 6c+** Hervé DELACOUR (2004) La 2ème partie vaut vraiment le détour. ***

7 **Le peuple de l'herbe 7b** Eric VASSARD Une belle première partie en dalle, puis une section athlétique sur inversées et verticales, même départ que la n° 8 puis à gauche. ***

8 **Starchoufleur 7c** Rééquipement Eric VASSARD Une belle section en beau rocher puis mouvements d'amplitude sur petites prises dans la section médiane (une prise aurait cassée dans la section dure). **

9 **? 6b+** Eric VASSARD Nécessiterait encore du nettoyage, même départ que la n° 8 puis à droite. *

10 **Le moussaillon 6b+** Eric VASSARD Une belle fissure suivie d'une section compliquée. **

11 **L'amiral 6b+** Eric VASSARD (2004) 1 broche à changer, une section déversante bien sympa. **

12 **La récolte des gens qui s'aiment 7a** Rééquipement Olivier ROLLET Rééquipement remanié pour une escalade plus intéressante, un pas dur en 2è partie, la voie passe à l'angle gauche du toit. **

13 Les maboules déboulent **6c+** Hervé DELACOUR (2004) Un réta à doigt et un joli petit dévers final un peu surprenant **

14 Insubordination vitale **7a** Olivier ROLLET (2005) Belle voie avec un pas de bloc au réta. **

15 Disco direct **7b** Olivier ROLLET (2005) Mur technique et réta coriace, une voie de caractère. **

16 Caca Chouette **7a/b?** Le gros bloc après le toit est tombé et le réta est plus difficile, départ à l'angle droit du grand mur. **

17 T'as les foies Mac Fly **7a** Eric BRUNEL et Thomas BRUN 2005 Beau passage dans le toit et monodoigt dans le haut, démarrer par la n° 16 puis à droite dans le toit. **

Secteur dévers

Ce secteur qui n'avait jamais été, jusqu'en 2004, abordé dans une optique d'escalade libre, est constitué d'une première moitié en rocher douteux puis d'un gros dévers en très beau rocher. Un nettoyage important de la première partie, suivie d'une fréquentation régulière des grimpeurs locaux, ont permis de donner à ces voies une qualité d'escalade tout à fait correcte.

1 La Virgule **6c+** rééquipement J. N. PASCAL (2004) Une classique, traversée technique puis grands mouvements. **

2 Cosmic Kasrol **7a** Hervé DELACOUR (2004) Assez homogène, une 2ème partie bien intéressante, 1 point à rajouter au relais, bientôt classique... **

3 Vergissonic **7a** Hervé DELACOUR (2004) Homogène avec une belle sortie en fissure déversante, bientôt classique... **

4 Marthe Attac **7b+** Hervé DELACOUR (2004) Un jump pour les petits au début du dévers, la suite est vraiment sympa. ***

5 La Choucarde 2 **8a** Hervé DELACOUR (2004) Même départ que Marthe Attac puis à droite. Un pas très morpho après la vire, mais la suite n'est pas donnée non plus. **

6 Démolition **7b** Hervé DELACOUR (2005) Un jeté pour les petits au début du dévers, ensuite beau dévers sur prises verticales. **

7 Le toit sans loi **7b+** Hervé DELACOUR (2005) Une prise sikatée, méa coulpa, belle sortie en fissure dièdre. **

saint symphorien de lay (42)

présentation + accès

+ de 29 voies ✯ de 3a à 8a ✯ Nord et Ouest ✯ de 20 à 40m

Présentation

Ancienne carrière de granit dont les pierres ont servi pour la construction du viaduc voisin. Ce viaduc est maintenant réhabilité pour les promeneurs, vététistes et grimpeurs!
Ce site se prête particulièrement aux sorties en famille, pas de marche d'approche, sol plat et herbeux pour les enfants. Agréable à fréquenter par journées chaudes.

Accès

A 65 km au nord ouest de Lyon, 70km au nord de Saint Etienne.
Le site d'escalade est situé au sud du village.
A la sortie du village de Saint Symphorien de Lay en direction de Neulise une route sur la gauche descend vers le viaduc (la D80). Se garer au parking sous le viaduc, après les lacs. L'accès est aussi possible par le centre du village et le chemin de Gand.

Type d'escalade & géologie & cotations

Carrière de ganit, 4 secteurs d'escalade.
Les dalles noires orientée au nord, légèrement inclinées où l'escalade est un savant mélange d'adhérence et de petites réglettes. 14 voies en majorité dans le 6a, un 7a+ à gauche et quelques voies facile (4c à 5b) à droite.
Le mur ocre orienté ouest est une paroie verticale et légèrement déversante, 3 voies en 6a, une variante en 5a un 6b, un 6c, un 7a, un 7a+ un 8a.
L'espace débutant orienté au sud propose 3 voies d'initation sur une dalle couchée en 3a et 3b.
Les piliers du viaduc une voie en 7a, une voie en 6a.

Equipement & matos

L'équipement a été complété en 2002 et a fait l'objet d'un nettoyage scrupuleux en 2006 de la part de «l'équipe des B3». Ce site fait l'objet de visite de maintenance annuelle, financée par le conseil général de la Loire.

Quelques bonnes adresses

- CD FFME 42 : 4, rue des 3 Meules 42100 Saint Etienne
- Expé Saint Etienne : 19 place Chavanelle, 42000 Saint-Etienne

Tél. : 04 77 49 03 14 (tous les topos de la Loire...)

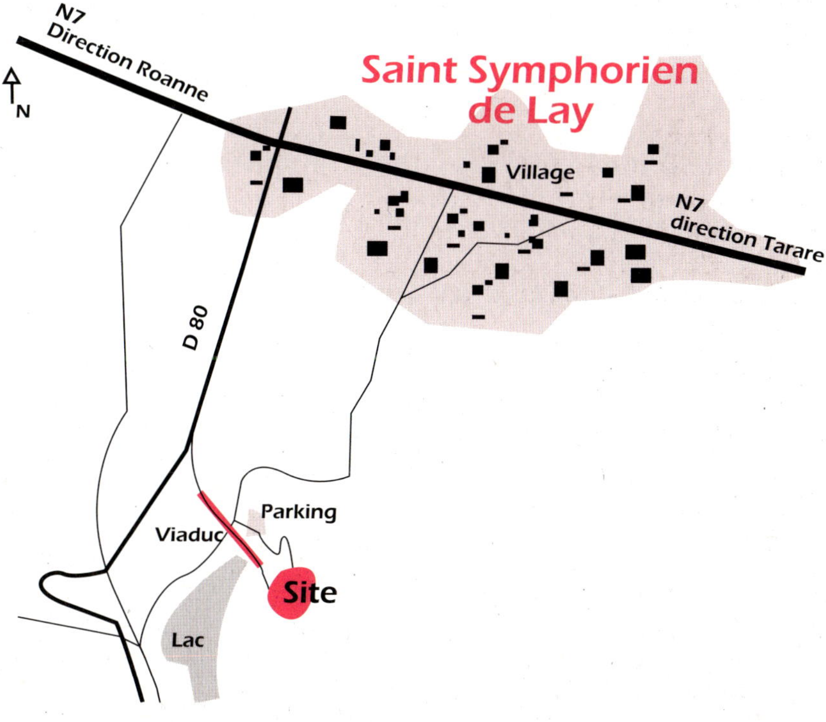

Roche corbière (42)

présentation + accès

140 voies ✶ de 4 à 8c? ✶ Toutes Orientations ✶ de 10 à 100m

Présentation

Roche corbière, sur la commune de Rochetaillée est le site d'escalade de proximité pour les Stéphanois.
La zone d'escalade se situe dans le cadre «verdoyant», allez les verts, du pilat, sur le site du Gouffre d'enfer, au pied du barrage. La via ferrata de Planfoy décrite dans les pages suivantes est voisine du site d'escalade.

Accès

A 6 km au Sud Est de St-Etienne A 65 km au Sud Ouest de Lyon,
Rive droite du Furan, au pied du barrage du Gouffre d'Enfer (ou de Rochetaillée).
Quitter l'autoroute A47 contournant St-Etienne par le sud (direction Le Puy en Velay) à la sortie «Saint-Etienne Centre, la Métare» sortie n°21, prendre alors la D8 direction Le Bessat, le Pilat jusqu'à Rochetaillée. Au niveau de l'Hostellerie du Château prendre à droite une petite route direction Le Barrage qui conduit au pied de la Roche Corbière (vous êtes alors sur la rue de la Roche Corbière).

Type d'escalade & géologie

Falaises de granit, lieu historique de l'escalade sur Saint-Etienne. Le site d'escalade appartient au CAF de Saint-Etienne pour le franc symbolique.
Plus de 140 voies sont équipées, en majorité de une longueur, mais on trouve aussi des blocs et des voies en plusieures longueurs.

Equipement & matos

Le rééquipement en 2000 et les visites annuelles de maintenance du site ont été effectuées par le CD 42 FFME avec le financement du conseil général de la Loire dans le cadre du «plan départemental escalade 42».
Vous trouverez donc des broches, des goujons, relais en bon état.

Quelques bonnes adresses

- CD FFME 42 : 4, rue des 3 Meules 42100 Saint Etienne
- Expé Saint Etienne : 19 place Chavanelle, 42000 Saint-Etienne

Tél. : 04 77 49 03 14 (tous les topos de la Loire...)

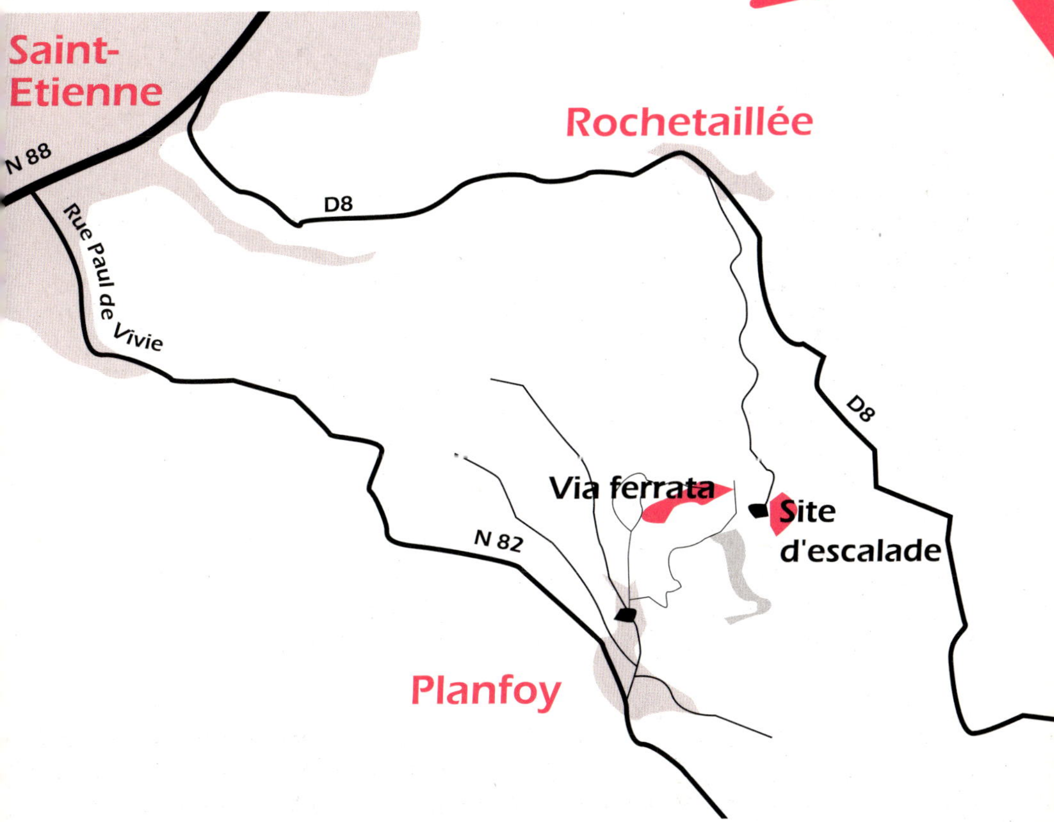

Roche corbière (42)

grandes voies

Les cotations de quelques voies

En face Ouest mur raide à réglettes, technique surtout dans le 7ème degré.
En face Est, le versant du col des voies de niveau accessible dans le 5/6.
Face Nord : la dalle de rochetaillée, idéale pour grimper par été caniculaire
La voie normale de roche corbière est en face sud et constitue une belle approche du site.

Quelques voies marquantes du site

En voiture Chantal 7b, Vent de panique 8a, GDB 6b
Le toit du prof 7b voie libérée par Patrick Berault, le passage clef consiste à enrayer le ballant...
Lassagne 6b

Allo, devine d'où je t'appelle ?

En nouveauté, la création de 2 «grandes» voies sur la face Ouest jusqu'alors inexploitée. Départ du sentier, descente dans les voies ou en un rappel par en face nord (dalle de rohetaillée) ou en face est (le col).

La première : 5b oblig. 5c+max, 90m équipement été 2006, niveau homogène.

La deuxième : 5c oblig. 6b+ max, 90 m équipement été 2006/printemps 2007, niveau homogène.

La roche corbière.

planfoy (42)
la via ferrata
présentation + accès

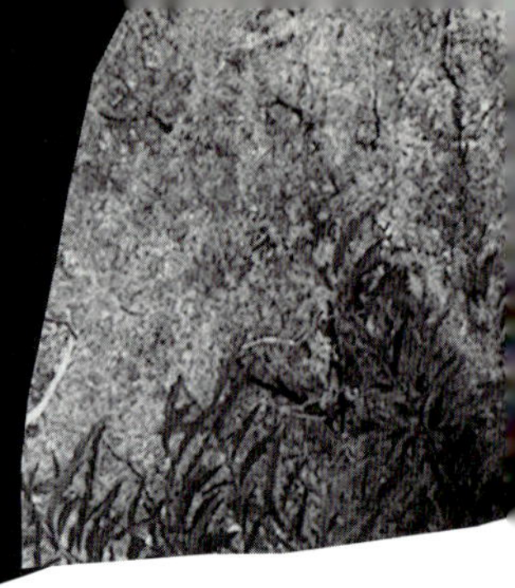

2 via ferrata ☆ AD & enfants ☆ Sud & Est ☆ 600m & 250m

Présentation

Dans un environement naturel à 10 minutes seulement de Saint-Etienne, 2 via ferrata avec vue imprenable sur le site du barrage du gouffre d'enfer inauguré par Napoléon III. La via adulte, 600m de cable, 150m de dénivellé, a été créée en 2000 à l'initiative de la ffme 42. La via des enfant, la via «des pillots» (enfants en «gaga»), 250m de cable, inaugurée en juin 2006 a la particularité d'évoluer sur 2 supports : rocher et arbres (7 passerelles d'arbres en arbres).

Accès

A 6km au sud Ouest de Saint Etienne
Depuis le village de Planfoy. Se garer au parking après le cimetière, espace Charles Exbrayat.
Accès : Approche 45 minutes (2 accès différents pour les via) retour 30 mn via (adulte), 45 minutes via «des pillots»

Equipement & matos

Il est indispensable de posséder le matériel nécéssaire à la pratique de la via ferrata et de bien connaitre son fonctionnement, afin d'éviter le facteur de chute supérieur à 2! (baudrier / casque / longes avec absorbeur de choc / mousquetons à verrouillage automatique / cordes pour progression encordée en groupe)
Il est possible de louer du matériel de via ferrata au café de la belote de Planfoy (04 77 51 40 27) ou à Expé Saint Etienne (04 77 49 03 14)

La via ferrata adulte (taille requise mimi. 1,40 m) est cotée AD, se réalise en 1h30 à 2h30 pour 600m de long et 150m de dénivellée, elle est équipée en queues de cochons et cable.
La via enfants est destinée aux 6-12 ans (dès 1,10m) et leurs

accompagnateurs , se réalise en 2h environ pour 250m de long et 50m de dénivellée, elle est équipée en queues de cochons et cable, la progression encordée est obligatoire.

Encadrement de groupes

Les moniteurs d'escalade du comité départemental de la Loire sont à votre disposition pour vous faire découvrir cette activité :
FFME comité de la Loire : 06 07 80 20 15
Il existe également à la FFME une formation de moniteur via ferrata pour former les encadrants à cette discipline (www.ffme.fr).

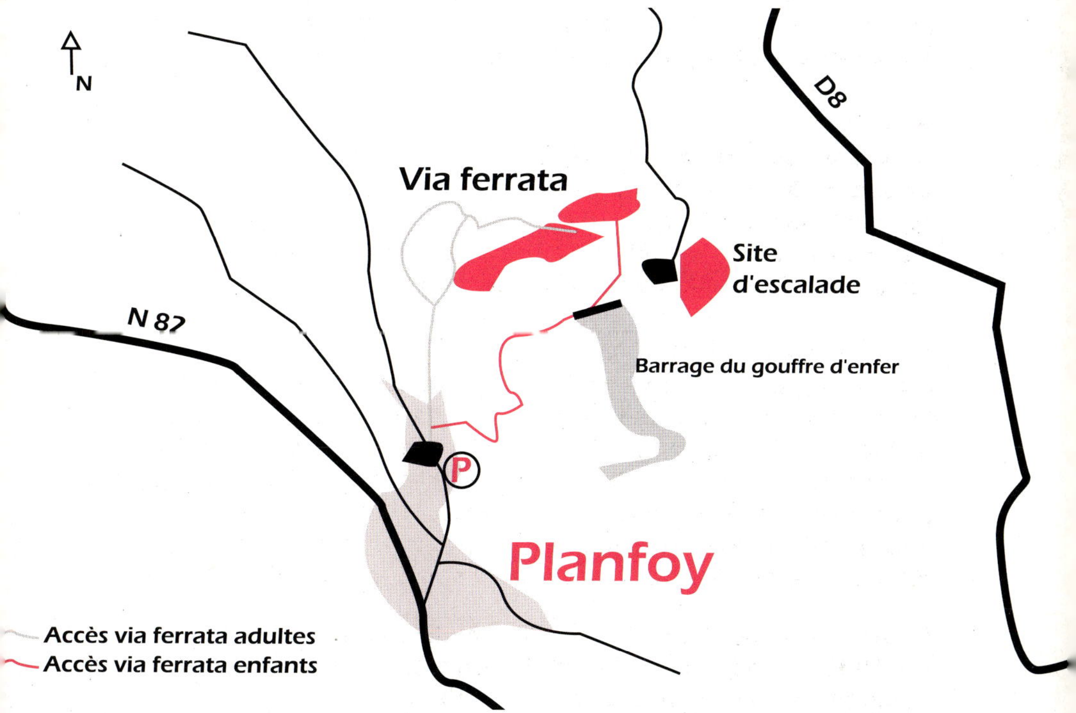

doizieux (42)

présentation + accès

+ de 150 voies ✩ de 3 à 7b ✩ Orientation : S/E ✩ de 8 à 55m

Présentation

Dans un cadre dépaysant, une grande forêt de pins, pour une ambiance montagne. Une majorité de voies faciles et peu continues. L'équipement en place est vieillissant et le comité départemental de la Loire prévoit le rééquipement de ce site naturel pour l'année 2007-2008.

Accès

A 60 km au sud-ouest de Lyon.A 15 km de Saint Chamond.
De l'A47, sortir à Grand Croix, ensuite direction St Paul en Jarrez, puis La Terrasse sur Dorlay. Monter une route très raide et tourner à droite au fond du village de Doizieux en direction des Scies. Au hameau des Scies tourner à droite vers l'auberge du May. La petite route s'élève dans les sapins jusqu'au parking de l'école d'escalade situé dans un virage. Du parking monter à pied, 300m, sur un chemin dallé le long du ruisseau, les rochers sont à droite.

Type d'escalade & géologie

Le site est composé de tours granitiques et s'étale sur 1km, sur la rive gauche du vallon de la Sordière. Tous les style d'escalade sont à Doizieux : fissures, dièdres, éperons et dalles.

Equipement & matos

Site classé pour le moment terrain d'aventure, mais sera bientôt béton (2007-2008). Dans certains points, les plus gros mousquetons ne passent pas, vivement le rééquipement !

Météo

Altitude 900m, climat frais (nord du Pilat).

parvès (01)

présentation + accès

+ de 75 voies ✩ de 5c à 7c ✩ Orientation : N ✩ de 15 à 30m

Présentation

Nouveau site aménagé par des équipeurs du club Hot Roc de Saint Genis Laval. Merci au travail et à la passion des bénévoles de ce club pour la découverte et l'entretien des sites d'escalade du Bugey, de l'Ain et d'ailleurs....

Accès

De Belley, suivre la N507 en direction de Yenne et Chambéry. Après le pont sur le canal de dérivation du Rhône prendre à gauche la D107 en direction de Parves. La falaise est en dessous de la route à hauteur d'un belvédère de pique nique évident. Le sentier de descente se trouve à 100m en aval du parking presque à la fin de la barrière métallique et juste avant un muret en pierre.

Météo

Falaise orientée plein Nord, idéale l'été.

Secteurs

2 secteurs sur ce site, le secteur «loin, loin, loin» est situé 400m après le secteur principal. Les secteurs et les voies sont décrits de gauche à droite.
Plus d'infos: http://perso.wanadoo.fr/lesduc

Pour Acquérir le topo (plus détaillé)

Il existe un topo complet des sites naturels de l'Ain équipés par les membres du club Hotroc : Roc in Bugey.
Le topo intégral de ce site paraîtra dans la prochaine et excellente version de Roc in Bugey. Des mises à jour sont disponibles sur le site internet du club : http://hotroc.free.fr

Secteur loin, loin, loin

Secteur situé 400m après le secteur principal.

Petit Secteur L'Ecole

Récréation **5c** (Muriel et Philippe Ducolomb)
Copain copine (variante) **6b+** (Muriel et Philippe Ducolomb)
Amitié enfantine **6c** (Muriel et Philippe Ducolomb)
Devoirs de vacances **6b+** (Muriel et Philippe Ducolomb)
L'Ecole est finie **6b/c** (Muriel et Philippe Ducolomb)

Secteur Météo

Echauffement **6b+** (Muriel et Philippe Ducolomb)
Ouragan **7a+/7b** (Muriel et Philippe Ducolomb)
Ciel de Plomb **7a** (Muriel et Philippe Ducolomb)
Solstice **7a** (Muriel et Philippe Ducolomb)
Soleil **7a+** (Muriel et Philippe Ducolomb)
Eclaircie **7b** (Muriel et Philippe Ducolomb)
Source Claire **7a+** (Muriel et Philippe Ducolomb)
La neige du coucou **6b+** (Muriel et Philippe Ducolomb)
Chemin dans le vent **6b+/6c** (Muriel et Philippe Ducolomb)

Secteur Petit Caïrn

Croque migraine **projet** (Muriel et Philippe Ducolomb)
Cytise on caïrn **7b+** (Muriel et Philippe Ducolomb)
Ascension **7a/7a+** (Muriel et Philippe Ducolomb)
Les bottes des 7 vieux projet (Muriel et Philippe Ducolomb)
Six trouille **7a** (Muriel et Philippe Ducolomb)
Aux marches du palais projet (Muriel et Philippe Ducolomb)
Les promesses de Claire **7a+** (Muriel et Philippe Ducolomb)

parvès (01)

Secteur du Houx

Le pont des sourires **6b+** (Muriel et Philippe Ducolomb)
N° 5 d'Opinel **6b** (Muriel et Philippe Ducolomb)
Pendu au plafond **6b** (Muriel et Philippe Ducolomb)
Totale récupe : **6b+** (Muriel et Philippe Ducolomb)
Purge de printemps **6b/c** (Muriel et Philippe Ducolomb)
Gargoulote **5c/6a** (Muriel et Philippe Ducolomb)
Sang de grillon **7a** (Muriel et Philippe Ducolomb)
La belle aux doigts gourmands **6c** (Muriel et Philippe Ducolomb)
Dombés du ciel **6c** (Muriel et Philippe Ducolomb)
Bon cygne **7a** (Muriel et Philippe Ducolomb)
L'orvet vit là **6b** (Muriel et Philippe Ducolomb)

Secteur Principal

Secteur évident en suivant le sentier bien marqué en descente (5 minutes). Cotations indicatives, certaines pas encore enchaînées. De nombreuses voies signalées en préparation, sont encore en chantier (cordes en place).

Secteur Vishnu la paix

Sur la route de Manali **6a+** (Jean-Noël Bourgeois)
Mur de mani **6a** (Jean-Noël Bourgeois)
Vishnu la paix **6b** (Jean-Noël Bourgeois)
Premier de corvée **6b/c** (Jean-Noël Bourgeois)
Hans dut le faire **5c/6a** (Jean-Noël Bourgeois)

Terrien t'es rien **6b+** (Jean-Noël Bourgeois)
Café hollé **6c** (Jean-Noël Bourgeois)
Le goût du blanc **6b** (Jean-Noël Bourgeois)

Secteur Grosse Ecaille gauche
Coup de Vitteaux **7a+** (Jean-Noël Bourgeois)
Fausse donneR1 **6a+** (Jean-Noël Bourgeois)
Fausse donneR2 **6c** (à vérifier) (Jean-Noël Bourgeois)
Farandole **7a** (Jean-Noël Bourgeois)
Papy fait de la résistance **7b** (Jean-Noël Bourgeois)
Puerta del Sol **7b+** (à vérifier) (Jean-Noël Bourgeois)
Super Natural R1 **6c+** (à vérifier)(J-N Bourgeois/ Fabrice Molle)
Super Natural R2 **?** (Fabrice Molle)
Voie en préparation **?** (Bernard Nodimar)

Secteur Main Courante
Une si longue attente **6b** (Robert Gaillot)
Soins palliatifs **6c/7a** (Robert Gaillot)
Jules (au 1er relais) **6a** (Robert Gaillot)
Jules (jusqu'au relais de Soins Palliatifs) **?** (Robert Gaillot)
Docteur Es Bouchon **6c** (Robert Gaillot)
Fatale Attraction **7a** (Robert Gaillot)

Secteur Tite Caverne
Chaux devant **6c** (Robert Gaillot)
Dans le vif du sujet **7a+** (Jean-Noël Bourgeois)
Parves ici belle voie !!! **7a** (Jean-Noël Bourgeois)

parvès (01)

Prise de contact **6b+** (Jean-Noël Bourgeois)
Gorges Noires ? (Nicolas Szawrowski)
Fracture ouverte (fissure) **6c** (Etienne Montigny)
Quadrichromie Rectale **?** (Nicolas Szawrowski)
Electrolux **?** (Nicolas Szawrowski)
Tasmaniac **7c** (à vérifier) (Nicolas Szawrowski)
L'histoire sans fin R1 **6a** (Nicolas Szawrowski)
L'histoire sans fin R2 **7b+** (Nicolas Szawrowski)
Mur de poussière **6a+** (Nicolas Szawrowski)
Sexmachine **6c** (Nicolas Szawrowski)

Secteur Droite Terrasse

Trente ans de menace **6c** (Jean-Noël Bourgeois)
Hot Crotte **7b+** (Marc Desseux)
L'eau de la haut **7b** (Jean-Noël Bourgeois)
Requiem for a dream **7b+** (Jean-Noël Bourgeois)
Oreille cassée : (fissure + pilier) **7a** (Etienne Montigny)
Elio **7b** (Nicolas Szawrowski)
Mais Que Fay le Doc **7a** (Etienne Montigny)
Persévérance contre les lâches **5c/6a** (André Rocha)
Pousse Mousse **6b** (Jean-Noël Bourgeois)
Travaux d'aiguille **6a+** (Jean-Noël Bourgeois

Monsieur Pat, dans le tunnel de la spaggiari, gorges du verdon.

vernosc (07)

présentation + accès

27 voies ✫ de 4c à 7c ✫ Orientation : N S E O ✫ 35m

Présentation

Il s'agit d'un monolithe de 35m qui domine la Cance que le comité départemental de l'ardèche veut vous faire découvrir ici. L'escalade se pratique à la roche Péréandre depuis que les scouts d'Annonay ont installé, en 1930, la croix toujours visible.

Accès

A 7km au sud ouest d'Annonay.
5 minutes d'approche, en traversant la rivière par l'amont du site.

Type d'escalade & géologie

La roche : de la Migmatite

Equipement & matos

Site rééquipé dans le cadre du plan Escalade en 1995 par le CD 07 ffme. Possibilité de faire 2 à 3 longueurs.
L'ensemble des voies sont dans un niveau moyen de difficultés de 6a à 7a.

Pour Acquérir le topo (plus détaillé)

Il existe un topo complet des sites naturels de l'Ardèche «l'escalade en Ardèche». Plus qu'un simple topo descriptif, il s'agit d'une vraie approche verticale de ce département. Ainsi, au gré des pages, vous découvrirez la géologie, la paroi du point de vue naturaliste, plusieurs espèces végétales remarquables, ou plus simplement trouverez le camping ou le gîte de vos rêves pour vos vacances futures.
Achat en ligne et point de vente sur http://cdffme07.free.fr

Le monolithe de Vernosc

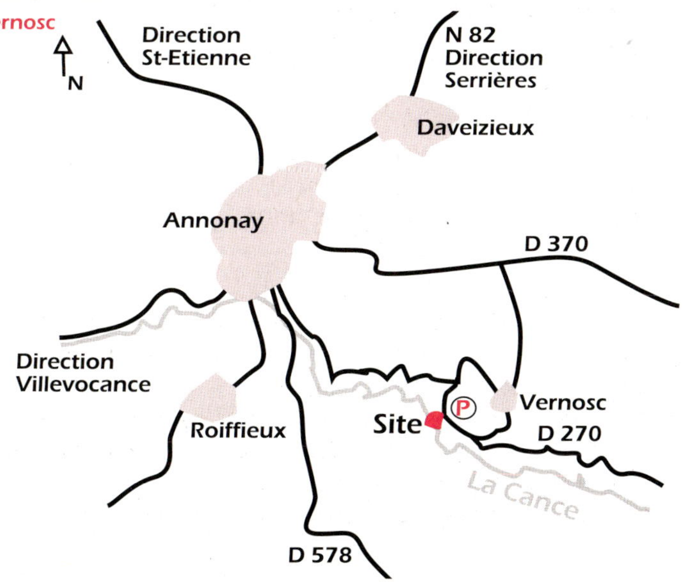

Villevocance (07)

présentation + accès

40 voies ☆ de 4a à 7b ☆ Orientation : S E O ☆ jusqu'a 25m

Présentation

Villevocance, le site de la «mer de glace» est un petit paradis au milieu des bois. Très fréquenté, ce site a été rééquipé par le comité Ardèche ffme en 1999.

Accès

A 8 km au Sud Ouest de Annonay
Se garer après le hameau de la Scierie avant le pont. Approche en 5 minutes.

Type d'escalade & géologie

La roche : de la Migmatite (du grec migma ou migmatos signifiant mélange) roche métamorphique formée d'un mélange de roches sombres (amphibolites ou gneiss à biotites) et de roches claires de composition granitique à granodioritique, maintenant vous savez tout!

Equipement & matos

Se site convient bien aux grimpeurs débutants, pas mal de voies accessibles, quelques voies dans le 7 pour le secteur « 10 mètres».

Ardèche, territoire de pleine nature,

Marier notre passion de la grimpe et la préservation de l'environnement est l'un des principaux rôles du CDFFME 07.
C'est par une action de concertation permanente avec les différents interlocuteurs, équipeurs, associations de défense de l'environnement, propriétaires fonciers, collectivités territoriales, CDESI (Commission Des Espaces Sites et Itinéraires) , que nous organisons la mise en grimpe de nos falaises.
C'est grâce à une gestion minucieuse, soutenue par le Conseil Général et les collectivités locales, que nous sommes aujourd'hui en mesure de vous inviter

à grimper en Ardèche ce territoire unique et fragile, dans lequel le grimpeur doit se comporter en invité. Sachez profiter du spectacle grandiose qui s'offre à vous en respectant la faune et la flore qui s'y trouvent, et prenez donc le temps d'admirer les paysages en commençant votre journée par une petite ballade...

BONNE GRIMPE
Frédéric DUPIRE, Président du CDFFME 07

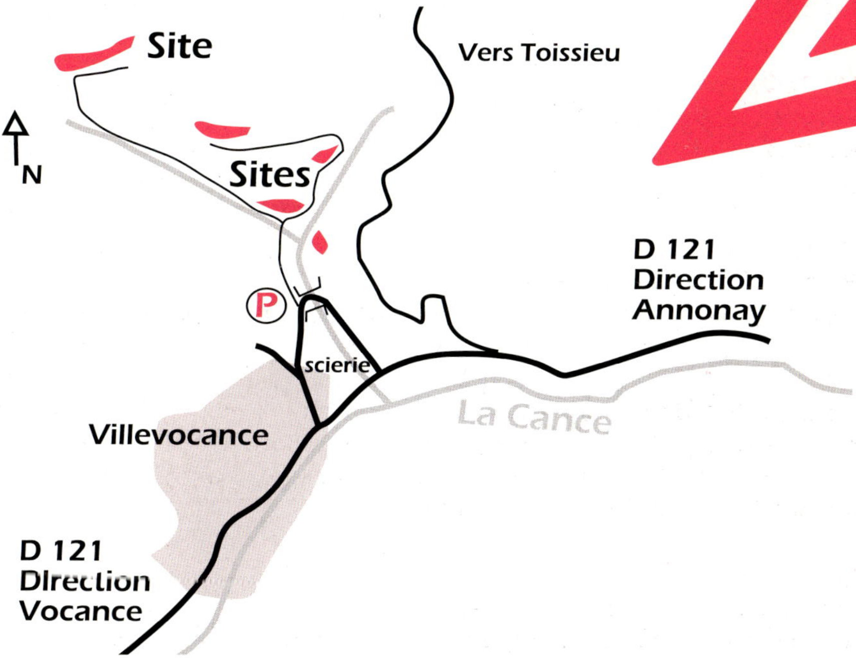

comité
départemental du Rhône

Fédération Française de la Montagne et de l'Escalade

Le comité du Rhône FFME est une association loi 1901, agréée par le Ministère de la Jeunesse et des sports, affiliée au Comité Départemental Olympique et Sportif.
Le comité départemental est organisé autour d'un comité directeur de 30 membres élus qui représentent les clubs du Rhône, pour 4 ans (une olympiade). Ce comité directeur désigne ensuite son bureau (président, secrétaire, trésorier) qui gère le quotidien avec l'aide de salariés.
La FFME est délégataire du Ministère de la Jeunesse et des Sports pour 4 activités : Escalade, Canyonning, Raquette à neige et le Ski de montagne.

Rôle & missions

- Développer les pratiques de Montagne et d'Escalade et des disciplines associées pour tous les pratiquants.
- Promouvoir l'ensemble des activités représentées dans la fédération.
- Rassembler les clubs, encourager et soutenir leurs efforts, coordonner leurs activités
- Former des cadres associatifs
- Développer les pratiques compétitives, organiser le calendrier départemental
- Organiser des évènements loisirs
- Entraîner, réunir les équipes départementales
- Promouvoir, équiper et gérer les sites de pratiques naturels et artificiels d'escalade
- Participer à la gestion et au développement durable du territoire
- Intervenir auprès des instances départementales (communes, D.D.J.S., Conseil général...)
- Conseiller et aider les clubs et les licenciés dans leurs projets

Disciplines

Alpinisme / cascade de glace / ski de montagne / expéditions / escalade / artif' / via ferrata / escalad'arbre / randonnée / raid sportif / raquette à neige / canyoning.

Le comité en quelques chiffres

- 2 équipes départementales : alpinisme et escalade
- Une 40aine de stages et de formations diplômantes par an
- Une 15aine d'évènement par ans (fête de la montagne, coupes, championnats, opens, fête des clubs, rassemblements...)
- 43 clubs
- + de 3000 licenciés

Autres prestations

- Conseil et expertise pour la conception et la gestion des Structures Artificielles d'Escalade
- Animation d'évènements (salons, compétitions, fêtes du sport)
- Montage et animation de parcours accro-branche
- Encadrement de groupes (escalade, via ferrata, escalad'arbre) par des moniteurs breveté d'état
- Gestion et ouverture de voies sur S.A.E.
- Organisation de formations

FFME, Comité du Rhône
2, rue Stéphane DECHANT
69350 LA MULATIERE
tél : 04 78 51 66 89
tél : 09 53 609 609
web départemental: www.ffme-cd69.org
web national : www.ffme.fr
mail : info.cd69@ffme.fr

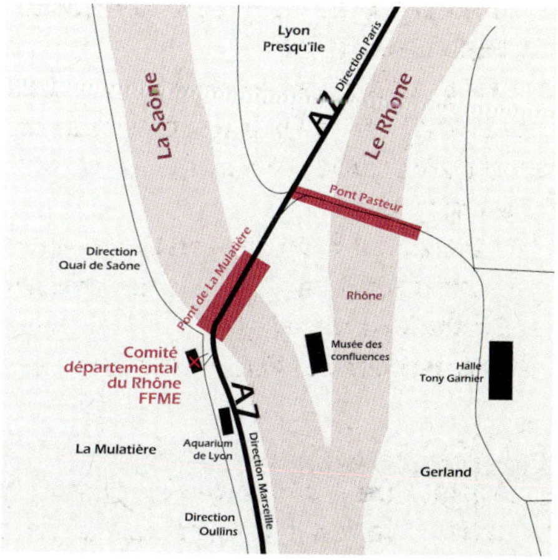

Remerciements

Le cd Rhône de la ffme est une association, avant tout, affaire de passionnés, voici la liste dans le désordre des bénévoles qui ont donné un petit ou un gros coup de main pour que ce topo et les falaises du coin existent (ça fait quand même 5 ans qu'il est dans les cartons).

Les rédacteurs des anciennes version de ce topo sur lequel notre travail est basé, mahé pour le style, ben pour ses relevés, marion, jojo, gilles, ping, bruno, noch, tibo, chewi, claude, laure, marine, marine, thomas, guy, dylan, sammy, les ducs, claude, claude, serge, serge, fabien, ct, hervé un autre hervé, tender, guillaume pour ses photos, romain, franck, dingo, toutes les petites mains anonymes qui entretiennent la propreté des sites, émilie, l'équipe départementale d'escalade, pierre-henri, marc, rémi, emilien, françois, françois, jack, camille, manon, berrichon, charlie, l'équipe départementale d'alpinisme, adrien, alain, loulou, didier, blandine, ludo, benjamin, royx pour ses photos, éric, fred et dominique, arnaud, françois, brice, les stagiaires des stages initiateur escalade, gilles, audrey, benoit, sylvain, moineau, les modèles qui sont beaux sur les photos, lison, clément, le comité directeur du comité départemental du rhône, laurent, robert, nicolas, pascaline,mog, marco, céline, louise, tous les bénévoles de la fête de la montagne et de l'escalade, philippe, patrick, taz, audrey, robert, thomas, annie-claude, marie-noëlle, pascal, arthur, jacqueline, guy, greg, le club hotroc Saint Genis Laval, les cd ffme 07, 26, 38, 42, 71, 73, 01 tout neuf, les clubs CAF Villefranche, Lagnieux, Saint Etienne, La Trace à Oullins, SPM, ...et j'en oublie.

Merci à eux, merci à ceux qui donnent un petit coup de main pour que toutes nos activités fonctionnent.

Merci aux sponsors qui répondent présent sur les évenements que nous organisons tout au long de l'année, l'excellent magasin Expé, Béal que l'on ne présente plus, les prises Volx et Expression, Le mur de Lyon et M'roc pour les salles d'escalade, merci aux institutionnels comme la Direction Départementale de la Jeunesse et des Sports, Rhône le département, le Comité Départemental du Tourisme, le CDOS du Rhône et la mairie de La Mulatière merci aux annonceurs de cette édition Kairn, Expression, Attitude Sport, M'roc, Expé, Le mur de Lyon, Kit Grimpe, Spit, Sportstock, et merci à vous qui avez acheté ce topo !

Raphaël KERVELLA, rédacteur en chef.

Imprimerie DELTA Chassieu / Dépot légal Mai 2007 / ISBN 2-908330-37-7
Imprimé sur papier recyclé cyclus print